당신만 몰랐던
공인중개사 실무
A to Z

자격증은 시작일 뿐, 중개는 실전이다!

당신만 몰랐던
공인중개사 실무
A to Z

김애란(집사임당) 지음

매일경제신문사

프롤
로그

초보가
왕초보에게

공인중개사 자격증 동차 합격 후 자격증에 잉크가 마르기도 전에 바로 중개업 시장에 뛰어든 저는 갑자기 야생에 내던져진 어린아이처럼 무엇을 해야 할지, 무엇이 중요한지도 모른 채 오지 않는 손님만 하염없이 기다리곤 했어요. 그러다 우연히 얻어걸린 귀한 손님조차도 제대로 대응 한번 해보지 못한 채 어리바리하며 초짜 티를 물씬 풍기는 하루를 반복하곤 했지요.

이 책은 그 시절의 나에게 말해주고 싶은, 알려주고 싶은 내용을 담았어요. 눈물 없이는 볼 수 없는, 온종일 삽질만 하던 안쓰러운 과거의 나에게 알려주고 싶은 내용을 말이에요. 엄청나고 대단한 노하우나 비법을 담은 것은 아니지만 아무도 가르쳐주지 않았던, 실무를 해봐야만 알 수 있는 그런 내용을 담았어요.

세상에 공짜는 없어요. 왕초보 시절, '하나부터 열까지 체계적으로 가르쳐줄 스승'이 어딘가에 존재하지 않을까 기대했지만, 그것은 이 전쟁 같은 무한 경쟁사회를 잘 몰랐던 제 욕심이었다는 것을 3년이 지난 지금에서야 알게 되었어요. 공인중개사라는 직업은 몸으로 부딪쳐 일하면서 배우고, 눈치껏 배우는 것이며, 나의 돈과 시간과 노력을 써가며 배워야 하는 자영업이자, 사업의 영역이에요.

저도 결국 많은 시행착오와 비용을 들여 배웠고, 덕분에 이렇게 책까지 쓸 정도로 성장했다고 생각합니다. 물론 지금도 여전히 초보입니다. 경력도 고작 3년 차밖에 되지 않았지요. 하지만 부동산 중개업이라는 시장은 시대도 많이 변했고, 무조건 오래 했다고 다 잘하는 것이 아니라는 것을 일하면서 많이 느꼈답니다. 초반 물꼬만 잘 터주면 그 이후로는 스스로 개척해나가는, 자신만의 강점을 갖고 경쟁하는 자영업과 사업의 영역이기 때문에 정답이라는 것이 애초에 없는 것 같아요.

독자 여러분!
지금은 도움이 절실한 이제 막 시작하는 왕초보 공인중개사지만, 나중에는 저도 도움을 받고 배울 수 있는 파트너로 만나 뵙길 기대하며, 멋진 전문가로 성장하시기를 기원하겠습니다.

집사임당 | 공인중개사 김애란

I

마인드
세팅

중개업이란
무엇일까?

1. 왕초보 중개사 시절에 명심해야 할 것
- 쉽게 큰돈을 벌려는 환상 버리기

국민 자격증이 되어버린 공인중개사 자격증, 왜 따셨나요? 물론 부동산 공부를 해볼 겸 자격증에 도전한 분들도 계실 거예요. 하지만 자격증 취득에서 그치지 않고 실무까지 생각한 분들은 아마 주변에 공인중개사 중 큰돈을 번 사람을 본 적이 있거나, 아니면 시간이 자유로우면서 소득까지 괜찮은 공인중개사를 보고 매력적이라 느꼈기 때문일 거예요.

그런데 정말 보이는 게 다가 아닙니다. 저도 처음에는 쉽게 생각하고 주 3일 사무실에 출근했었어요. 시장이 정말 좋을 때라 운 좋게 한 달도 안 되어서 첫 계약을 하게 되었어요. '인생사 새옹지마(塞翁之馬)'라고 하죠. 어부지리로 큰 금액을 받게 된 저는 '아, 이 일이 내 적성에 맞나 보다' 싶어 만만하게 생각했고, 그 후로 몇 개월 동안 단 1건의 계약도 하지 못했어요.

중개업은 뿌린 만큼 거둡니다. 겉보기에는 시간이 자유롭고 고객에게 집 몇 번 보여주고 큰 수수료를 받는 것처럼 보이기도 해요. 저도 이 일을 하기 전에는 그렇게 생각했어요. 그런데 중개사는 이 1건의 계약을 성사시키기 위해 최소 10명 이상을 만나야 합니다. 그리고 만만한 게 공인중개사라고, 하나부터 열까지 계약 및 잔금 후에도 들들 볶입니다. 쉽지 않아요.

가끔 사람들에게 공인중개사라고 소개하면 "와, 요즘 공인중개사 시험 되게 어렵다던데 대단하시네요"라고 말해요. 그 말의 의미는 이 직업이 어렵다기보다는 자격증 취득이 어렵다는 의미겠지요. 그런데 자격증은 그저 자격증일 뿐입니다. 오지선다 객관식인 시험은 답이라도 정해져 있고 커트라인이라도 있지요. 하지만 실무는 정답이 없어요.

제가 봐온 중개업은 정말 성실해야 합니다. 손님 응대뿐만 아니라 매물 접수를 받는 것도, 인터넷에 매물 광고를 하는 것도, 공부를 하는 것도 전부 성실하고 꾸준하게 해야만 합니다. 특히나 저처럼 혼자서 부동산 중개사무소를 운영하는 경우에는 도와줄 사람도, 그렇다고 지시할 사람도 없기 때문에 나태해지기 정말 좋은 환경이에요. 이런 점을 극복할 수 있는 가장 간단한 방법은 같은 시간에 문을 열고 닫는 것이에요. 요즘은 온라인 마케팅이 중요해서 컴퓨터만 있으면 장소 상관없이 일할 수 있고, 어디서든 휴대폰만 있으면 손님과 통화할 수 있는 것이 우리 업의 큰 장점이에요. 하지만 동시에 루틴이 망가질 수 있는 단점이 있어요. 그렇기 때문에 같은 시간에 출퇴근하고 항시 문을 열어두는 것은 손님을 위해서도, 나의 루틴을 위해서도 무엇보다 중요합니다.

중개업은 10개의 계약을 10개의 중개사무소가 나누어서 하는 게 아니라 1~2개의 잘하는 중개사무소에서 다 해버립니다. 나머지는 '왜 손님이 없지?' 하고 경기를 탓하는 동안, 잘하는 몇 개의 사무소에서 다 계약하는 게 중개업의 현실이에요. 지금처럼 부동산 경기가 좋지 않으면 특히나 그런 현상이 뚜렷이 나타나요. 학창 시절 공부 잘하는 친구가 독서실에 제일 늦게까지 남아 열심히 하듯이, 계약도 잘하는 중개사무소가 더 열심히, 더 부지런히, 더욱 성실히 매일 사무소의 불을 켜놓고 손님을 받고 있어요.

다 다른 집, 다른 가격이라 별개의 계약 같아 보이지만 오늘 한 계약이 내일 방문한 손님에게 나만이 줄 수 있는 꿀 정보가 됩니다. "이 집은 어제 계약됐어요", "저기는 얼마에 계약됐어요" 등의 정보들을 통해 고객은 '아, 이 공인중개사가 계약을 잘하나 보다. 잘 아나 보다'라는 인식이 생기고, 또 자연스럽게 신뢰하게 됩니다. 그래서 내가 한 계약이 아닐지라도 나한테 나왔던 매물이 다른 데서 계약이 되었다면, 얼마에, 언제 계약되었는지 꼭 확인하는 습관이 필요해요.

부동산 중개업을 하는 데 시세 파악만큼 중요한 것은 없어요. 이것은 원·투룸이든, 아파트든, 상가·사무실, 건물, 토지, 시행부지 다 마찬가지예요. 시세가 얼마인지, 호가는 얼마인지, 주변 비슷한 종류의 매물 거래는 얼마에 되었는지 파악하는 것이 중요해요.

그러려면 계속해서 사무실을 열어두고 오고 가는 손님들에게 새로운 정보도 얻고 가격도 계속 체크해야 해요. 일은 노트북만 있으면 다른 곳에서도 할 수 있지만 사무실만큼 업무에 집중할 수 있는 공간은 많지 않아요. 일이 있더라도 정시에 출근해서 열어놓고 외출합니다.

사실 너무 기본적이고 당연한 이야기인데, 막상 중개사무소를 개업하면 내가 사장이니까 출퇴근을 자유롭게 하시는 분들이 많아요. 계약하면 계약했다고 일찍 퇴근하고, 손님 없으면 어차피 오늘은 손님 없다고 일찍 퇴근하고 합니다. 그게 점점 쌓이다가 망하는 것 같아요.

인생은 속도보다는 방향이라고 하죠? 중개업도 목표 설정을 먼저 하고 그 방향대로 가야 해요. 계약과 수수료가 오로지 중개업의 목적이 되어 일희일비하지 않았으면 좋겠습니다. 목표를 달성하기 위해 많은 매물을 확인하고, 촬영해서 광고를 올리고, 블로그나 유튜브에 콘텐츠를 올리고, 업무 자료들을 만들고, 많은 손님과 통화를 하고, 미팅을 하는 등 무료하고 따분하지만, 성실히 임한 하루하루에 스스로를 다독이고 보상을 해줘야 이 업을 오래 할 수 있다고 생각해요. 계약은 그냥 결과로 따라옵니다.

'불황기에 읽어야 할 필독서'로 장기 베스트셀러가 된 김성호 작가의 《일본전산 이야기(불황기 10배 성장, 손대는 분야마다 세계 1위, 신화가 된 회사)》에 이런 내용이 나옵니다.

"일을 배우기 시작할 초창기에 남들보다 앞서가려면 무조건 남보다 '오래', 숙련될 때까지 '열심히' 하는 것 외에는 방법이 없다. 정신 노동에서든 육체 노동에서든, 남들보다 시간을 두 배 들여 숙련된 사람을 이리저리 요령만 피우던 사람이 따라잡을 방도는 없다. 마치 타자를 배울 때, 처음엔 자판을 익히는 게 힘들고 어렵지만 남보다 더 집요하게 수련하면 나중에는 눈을 감고도 타자를 칠 수 있게 되는 것과 마찬가지 논리다. 처음 기량의 차이는 크지 않다. 하지만 일단 차이가 벌어지기 시작하면, 그다음에는 기하급수적으로 그 갭이 넓어진다."

중개업에서 '열심히'라는 것은 많은 매물을 보고 확인하고 공부하고, 많은 손님을 만나고 연구하고 소비자의 심리를 공부하는 것이에요. 부동산 시장이나 정책, 관련 법에 대해 계속해서 업데이트하는 것은 기본이고요. 또한 고객의 거절을 두려워하면 안 되고 되든 안 되든 계속해서 부딪혀봐야 합니다. 10번 시도하고 한 번 성공해 100만 원을 벌었다면 9번 실패한 것이 아니라 한 번에 10만 원씩 누적되어 마지막에 받았다고 생각해야 해요. 그만큼 앞서 지나간 9번의 과정도 의미가 있습니다.

계약을 하는 것도 공부지만 계약이 깨지는 것도 공부이며, 손님을 계약하도록 하는 것도 실력이지만 지금은 떠나간 손님이 나중에 다시 찾아오게 하는 것도 실력입니다. 너무 눈앞의 단기적 목표와 계약에만 목숨 걸지 말고 호흡을 길게 가져갔으면 좋겠어요.

주변에 잘하는 중개사무소가 있다면 돈을 얼마 벌었는지, 계약을 몇 개나 했는지보다는 얼마나 열심히 광고 업데이트를 하는지, 블로그 광고는 얼마나 자주 올리는지, 어떤 마케팅을 하는지, 얼마나 통화를 자주 하는지를 유심히 본 후, 자극을 받고 배우시기를 바랍니다.

개인 사업자가 중개사무소를 운영하는 내용에 대해서는 김미경 공인중개사님의 《무작정 부동산 사무실을 차렸습니다》를 읽어보시면 도움이 되실 것 같아요. 읽으면서 너무 공감도 되고(가끔 눈물을 훔치기도 했습니다) 얼마나 열심히 이 업에 진심으로 임하시는지 느껴져 자극도 많이 되었답니다(유튜브도 하십니다).

2. 왕초보 중개사 시절에 명심해야 할 것 - 마케팅 공부는 필수

온라인이 많이 발달하지 않았던 과거에는 내가 원하는 부동산 정보를 얻으려면 그 동네의 복덕방에 가는 것 말고는 크게 할 수 있는 게 없었어요. 그래서 정확하지 않아도 복덕방 사장님이 그렇다고 하면 그런 줄 알았던 시기였죠. 하지만 요즘은 달라요. 인터넷의 발달로 온 천지가 정보의 바다예요. 가격 정보며 법률 지식이며 조금만 검색해도 나옵니다.

또한 예전에는 관심이 있는 동네에 와서 부동산 중개사무소를 먼저 방문해 물건을 찾았지만, 요즘 고객들은 인터넷으로 키워드를 검색해서 눈에 띄는 중개사무소에 전화를 먼저 걸고 약속을 잡아 방문해요. 그래서 더욱 온라인 마케팅이 중요해요. 마케팅을 잘해야 손님이 있고, 손님이 있어야 경험이 쌓이며, 경험이 쌓여야 안전한 계약을 합니다.

요즘은 무슨 사업을 하든 1순위가 마케팅입니다. 중개업도 마찬가지예요. 일단 고객이 있어야 열심히 공부한 법률 지식도 써먹을 수가 있겠죠. 자격증은 다 암기해서 시험을 치러야 하지만 중개 실무는 오픈북이에요. 검색 찬스, 지인(전문가) 찬스, 모두 가능하지요. 일단 물건과 고객이 매칭되면 그때그때 필요한 내용을 찾아서 고객에게 안내하면 됩니다.

돈이 계좌로 넘어가기 직전, 계약서에 도장 찍기 직전에만 신중히 하면 됩니다(계약 욕심에 눈이 어두워 잘 모르면서 무리하게 진행하는 것만 조심하면 됩니다).

모든 것을 다 알고 시작하려고 하지 마세요. 중개는 계약까지 가는 과정에서 한 번, 계약하면서 한 번, 계약 후 잔금 및 사후처리 하면서 또 한 번 배우는 것이에요. 책에서 배운 내용과 실제로 문제가 되는 내용은 굉장히 괴리가 큽니다. 손님이 많아야 그런 경험의 기회가 많기 때문에 꼭 마케팅을 배우시라고 추천합니다.

그럼 부동산 마케팅은 어떤 식으로 시작해야 할까요? 마케팅 분야에서 세계적인 비즈니스 리더들의 극찬을 받으며 아마존 논픽션 베스트셀러에 오른 론 프리드먼(Ron Friedman)의 《역설계》에서 다음과 같이 이야기해요.

"많은 창작자들이 완전히 독창적인 것을 만들어야 한다는 부담감에 시달리지만, 사실은 그럴 필요가 없을뿐더러 그런 접근법은 실제로 비생산적이다. 두고두고 회자될 작품을 만드는 비결은 오로지 창의성과 기발함만으로 끝까지 밀어붙이는 것이 아니다. 기존의 검증된 공식을 이용하되 그것을 당신만의 방식으로 변주하는 것이다."

즉, 벤치마킹을 하고 그것에 나만의 색깔을 더하라는 의미예요. 전적인 모방은 실패에 이르는 길이고, 지나친 창의성은 거부감이 들어요. 완전히 새로운 마케팅을 하는 것보다는 이미 잘되고 있는 성공한 마케팅을 참고해 내 강점을 더해 마케팅하는 것이 가장 효과가 좋습니다.

블로그라면 블로그 마케팅을 잘하는 중개사무소를 찾고 벤치마킹할 것이며, 유튜브라면 유튜브 마케팅을 잘하는 중개사무소를 찾아 프레임을 따라 하고 디테일을 바꾸세요. 잘하는 중개사무소가 광고 올리는 법, 광고에 써놓은 문구들도 유심히 보세요. 그리고 참고할 것들은 참고하며, 여기저기 참고한 것들을 믹스해서 내 스타일대로 다시 창조해내는 거예요.

3. 왕초보 중개사 시절에 명심해야 할 것 - 사람보다 서류를 믿을 것

세상을 살다가 사기꾼을 만날 확률이 얼마나 될까요? 일반인이라면 그 확률이 높지는 않아요. 하지만 이 부동산 중개를 업으로 하다 보면 그런 환경에 노출되는 경우가 많아요. 그리고 더 나아가 '나도 같이 휘말릴 수 있을 만한' 유혹에 빠지기도 쉽습니다.

중개사는 신의, 성실의 원칙에 따라 고객의 자산을 책임지고 다루어야 해요. 민법을 공부할 때는 가끔 '이런 것을 왜 배우지? 상식적으로 이런 상황이 생길 수가 있나?' 싶은 예시들이 많았어요. 그런데 실제로 정말 많이 그런 상황이 생깁니다. 특히 대리인 계약이 정말 많고, 소유자가 아닌 사람이 매물을 내놓는 경우도 정말 많아요.

그래서 '사람'의 말만 믿지 말고 '서류'를 믿어야 해요. 그럼에도 사고가 나려면 날 수 있는 곳이 이 부동산 시장입니다. 매물을 내놓은 이 사람이 진짜 소유자가 맞는지, 혹은 적법한 대리인이 맞는지, 등기상에 근저당이 표시되어 있지만 다 갚았다고 하는데 진짜인지, 잔금일에 근저당 말소는 확실하게 처리되는지 등 상대가 하는 말을 곧이곧대로 믿지말고, 할 수 있는 한 확인하고 또 확인하는 게 중요합니다. 아무리 친분이 생기고 그 사람이 믿음직스러워 보여도 방심하지 말고 여러 번 확인하고 '서류'를 믿어야 해요.

물론 경력이 오래되고 내가 중개하는 지역의 상황을 잘 알게 되면 서로 믿고 요령껏 하는 경우도 생겨요. 하지만 초보 시절에는 무조건 FM 대로 일해야 합니다. FM을 먼저 알고 융통성은 나중에 부리는 거예요. 초보 시절에는 융통성이 있을 시기가 아니라고 생각해요.

계약 전까지는 공격적으로 영업을 했다가도 계약서를 쓸 때는 굉장히 신중하고 꼼꼼하게 해야 합니다. 특히 요즘은 가계약금을 많이 이용해서 물건을 잡아두는데, 이 가계약금이 넘어갈 때는 신중해야 합니다. 등기사항증명서를 새로 열람하는 것은 기본이고, 적법한 소유지의 계좌가 맞는지 확인하고 문자상 가계약서에도 꼼꼼하게 특약을 기입하는 게 좋아요. 가계약 관련 내용은 뒤에서 자세히 설명할게요.

본인이 직접 왔을 때, 대리인이 대신 계약할 때, 개인이 아닌 법인으로 계약할 때 등 상황별로 나누어서 어떤 서류가 필요한지 등도 미리 확인해서 체크해두면 좋아요(이런 것을 미리 공부해서 블로그에 포스팅해두면 내가 필요할 때 다시 찾아보기 좋아요. 1석 2조!).

요즘
부동산 마케팅

요즘 공인중개사들은 열이면 열 전부 블로그 등의 온라인 마케팅에 관심이 많아요. 하지는 않더라도 '블로그 포스팅해야 되는데…'라는 말을 달고 삽니다. 블로그뿐만 아니라 요즘은 유튜브(쇼츠 포함), 릴스, 인스타그램 등 효과가 좋다는 마케팅 방법들이 많아요.

모두 잘하면 당연히 좋겠지만 현실은 하나만 제대로 하기도 힘들어요. 주변에 마케팅 잘하는 중개사들을 보며 부러워서 이것도 하고 싶고, 저것도 하고 싶겠지만 2마리 토끼를 잡으려다 2마리 다 놓칠 수 있다는 것을 꼭 기억하고 한 가지라도 꾸준히 하는 방향으로 가야 합니다. 현실적으로 손님 미팅, 계약, 사후관리까지 하고 개인적으로 처리해야 할 일들도 분명 있을 터인데 꾸준하게 모든 마케팅을 지속하기는 불가능합니다(직원들이 많다면 가능할 수 있겠지만 이 부분은 차치하고 이야기합니다). 우선은 한 가지를 제대로 하는 게 중요합니다.

어떤 것으로 마케팅을 시작할지 잘 모르겠다면, '네이버 블로그'가 시작하기 가장 편합니다. 그 이유는 이미 많은 분들이 하고 계셔서 따라 하기도 좋고, 시중에 워낙 블로그 하는 방법이 많이 나와 있기 때문이에요. 그리고 글로 쓰고 사진만 올리면 시작할 수 있고, 키워드 기반으로 유효 고객이 유입되기 때문에 돈 되는 마케팅으로는 블로그가 기본입니다.

그러나 우리는 '블로거'가 아닌 '공인중개사'이기 때문에 중개 영업에 마케팅을 이용하고자 한다면, 목적을 확실히 정하고 시작하는 것이 좋습니다. 방문자 수나 블로그 성장도 물론 중요하지만, 중개업이 '주'인 우리에게 일 방문자수는 집착해야 할 만큼 중요하지는 않아요. 크게 의미 없는 방문자가 많은 것보다 실속 있는 방문자가 꾸준히 유입되는 것이 더 중요합니다. 실속 있는 포스팅을 '꾸준히' 해서 방문자 수를 늘려가는 것이 가장 좋겠죠.

이 외 유튜브(쇼츠 포함), 릴스 마케팅들도 대부분 비슷합니다. 어떤 것을 할지 정했다면 벤치마킹할 대상을 선정해 나에게 맞는 프레임(템플릿)을 만들어둔 후 꾸준히 업로드합니다. 다만 다시 강조하건대 처음부터 여러 가지를 한 번에 시작하지 마시고 한 가지를 어느 정도 마스터하고 익숙해지면, 그다음 스텝으로 넘어가는 것을 추천해드려요. 너무 완벽하게 잘하려는 욕심보다는 간단한 방법, 손에 익는 방법을 찾아 쉽고 편하게 꾸준히 올리세요! 모두 잘하는 것은 욕심이에요. 한 가지 주력 마케팅 방법을 정해서 꾸준히 하는 것이 좋습니다.

공인중개사는
전문직일까?

우리는 전문직일까요, 영업직일까요? 저는 전문성을 갖춘 '영업직'이라고 생각해요. 거기에 서비스업도 포함이죠. 그래서 우선은 첫째도 친절, 둘째도 친절해야 해요. 중개업을 하다 보면 손님이나 다른 중개사한테 배신(=뒷빵)을 당하기도 하고 여러 번 시달리고 허탈감을 느끼다 보면 나도 모르게 시니컬해지고 손님을 가려서 받게 됩니다. 그럼에도 불구하고 항상 친절해야 해요. 저는 친절하고 상냥한 말투 때문에 득을 정말 많이 봤어요.

또한 영업의 기본은 경청이에요. 말을 잘하는 것과 말이 많은 것을 혼동하지 말아야 해요. 본인 말만 계속하고 자꾸 "이런 매물 없다"라며 계약을 권하는 곳은 부담이 되고 가기 싫어요. 내 말만 많이 하면 손님이 본인 말을 할 타이밍을 놓치고 "아, 네네"만 하다가 다른 데도 보고 오겠다며 떠납니다.

고객이 말을 많이 하도록 해야 합니다. 사람의 심리상 한번 많은 정보를 주고 나면 다른 데 가서 또 이 이야기를 다 하는 데 피로감을 느낍니다. 그래서 한 번 깊게 이야기한 중개사에게 맞는 매물을 찾아달라고 요청할 확률이 높아요. 그럼 설령 내가 가지고 있던 매물 중에서 적합한 것이 없더라도 다른 부동산 중개사무소에 나온 매물을 찾아 공동중개하면 됩니다. 그래서 내가 말을 많이 하는 것보다 상대가 말을 많이 하게 하는 것이 중요합니다.

물론 말을 잘하면 유리할 때가 있지만, 중개대상물은 일반 소비재와 달리, 때에 따라 고객의 전 재산을 걸 정도로 큰 금액을 핸들링해야 하기에 주의해야 해요. 말만 번지르르하고 책임지지 못할 말을 쓸데없이 많이 하면 오히려 지금 당장은 쉽게 계약했어도 나중에 계약이 파기되거나 중개사 과실로 더 큰돈을 물어줘야 할 수도 있어요. 계약만 한다고 끝이 아닙니다.

내가 중개하려고 하는 지역과 상권, 건물에 대한 공부를 많이 하면 자연스레 말은 잘 나올 수밖에 없답니다. 영업을 잘하는 사람들을 유심히 한번 보세요. 그냥 말만 잘하는 게 아니라 물건에 관해 연구를 많이 한 사람들이에요. 그래서 고객이 원하는 것이 무엇인지 파악도 빠르고요. 그런 연습을 하는 게 더 중요하다고 생각해요.

구체적으로 어떤 것에 대해 공부를 많이 해두는 게 좋을까요? 공인중개사가 자주 접하는 민법 내용 중에서는 주택 임대차보호법, 상가 임대차보호법, 대리계약에 대한 부분이 있어요. 취득세 등과 같은 부분은 계약 시 확인 설명 의무가 있기 때문에 잘 알아두어야 해요. 이런 부분을 제외하고는 직접 관여하기보다는 법무사, 변호사, 세무사에게 연결시켜 주는 편이 고객을 위해서도, 중개사인 나의 면책을 위해서도 나을 때가 많아요. 또, 한 번에 다 공부할 수는 없고 판례를 읽으면서 '이런 분쟁이 생겼을 때는 이런 판결이 났었구나' 하며 꾸준히 배경지식을 쌓는 것이 중요해요.

모든 공인중개사가 알아야 할 내용 말고 지역 전문가로서 공인중개사가 공부해야 할 것들이 사실상 더 중요해요. 예를 들어, 아파트를 중개한다면 주변에 아파트 단지가 뭐가 있는지, 세대 수는 어느 정도고, 준공 날짜는 언제인지, 커뮤니티 시설을 이용하기에는 어느 단지가 제일 좋고, 교통편은 어떻고, 가격과 최고 실거래가는 얼마였고, 현재 호가는 얼마인지 등에 대해 공부하면 좋겠죠.

상가나 사무실을 중개한다면 주변 상권이 어떤지, 평당 임대가격은 건물별·구역별로 얼마나 차이가 나는지 알아두어야 할 거예요. 재개발·재건축이라면 현재 어디까지 단계가 진행되었는지, 입주권이 나올지, 입지 면에서 얼마나 장점이 큰지, 최근 프리미엄이 얼마나 붙었는지 등 지역과 물건에 대해 공부하고자 하면 끝도 없이 할 수 있어요.

여기서 첫 번째로 중요한 점은 주력으로 할 중개대상물을 정하고 시작해야 한다는 거예요. 여러 가지 대상물을 다 다루다 보면 전부 놓치게 될 수가 있어요. 아파트면 아파트, 상가 전문이면 상가, 상업용 부동산 전문이면 상업용만 하는 것이 좋아요. 다른 종류의 매물이 나와도 과감히 버리고 내 분야에 집중하는 게 좋아요. 아무 생각 없이 오픈해서 매물이 들어오는 대로 접수받고 손님도 그냥 오는 대로 연결하면, 전문성도 떨어지고 오히려 매물과 손님의 매칭이 잘 안 돼요.

두 번째로 중요한 점은, 매물이 접수되면 직접 꼭 가서 확인하고 촬영하며 주변을 조사하고 기록해두는 습관을 들이는 게 좋아요. 그럼 따로 시간을 내지 않고도 자연스럽게 매물 확인 겸 공부가 됩니다. 그래서 블로그에 매물 광고 포스팅을 하는 것은 단순한 광고 이상의 효과가 있어요. 매물을 소개해야 하다 보니 자연스럽게 주변 상권 및 호재를 조사하게 되고 건물에 관한 공부가 되지요.

만일 손님이 연결되었는데 경험이 없어 잘 모르겠을 때는 차라리 자세를 낮추고 최대한 배우는 자세로 중개하는 것이 좋아요. 다만, 잘 모르겠다는 표정으로 가만히 있지 말고 최대한 이해하고 알아봐주면서 함께 고민하는 성의를 보이면, 손님은 너와 내가 아닌 '우리'라는 팀이라 인식하고 나를 신뢰할 수 있어요. 매도·임대인에게는 좋은 가격으로 빨리 적임자를 찾기 위해 노력 중이라는 것을 어필해야 하고, 매수·임차인에게도 '우리'가 함께 고민해서 좋은 매물을 찾아보자는 인식을 심어줘야 해요.

중개업을 시작 하시기 전이라면 네오비 대표 조영준 작가님의 《핵심 공인중개사 실무 교육》을 읽어보시길 추천해드려요. 저는 중개업 6개월 차에 이 책을 읽고 실무 교육까지 들었는데, 중개업에 대한 마인드가 완전히 바뀌는 계기가 되었답니다.

중개업은 처음 중개사무소를 오픈해 과실을 얻기까지 씨를 뿌리고 키우는 시기가 꼭 필요해요. 최소 1년 치의 임대료는 준비해놓고 시작하라는 말이 있을 정도죠. 초보 중개사가 오픈하자마자 큰 계약이 터지기는 쉽지 않아요. 오픈하자마자 계약이 나왔다면 그것은 실력이라기보다는 운일 거예요.

하지만 '대기만성(大器晩成)'이라는 사자성어가 있죠. 크게 될 사람은 늦게 이루어집니다. 당장 계약이 안 나온다고 초조해하지 마세요. 다만 사무소 책상에 앉아서 손님을 기다리기만 할 것이 아니라 적극적으로 주변을 공부하고 나에게 맞는 마케팅 방법을 찾아 꾸준히 매물을 광고하며 전문성을 키우다 보면, 갑자기 콜이 마구 오기 시작할 거예요!

Ⅱ

중개사무소
창업하기

개업 전
필수 실무 교육

공인중개사 실무 교육

자격증을 딴 후 공인중개사로서 중개업을 시작하려면 무조건 받아야 하는 교육이 있습니다. 바로 실무 교육인데요. 개업하든, 소공으로 취직하든 공인중개사로서 일을 시작하려면 기본으로 들어야 하는 교육이에요.

> **│ 공인중개사 실무교육 │**
>
> 공인중개사 실무교육은 공인중개사법 제34조 및 동법 시행령 제28조 규정에 의거하여 각 시·도지사로부터 교육기관으로 위탁받아 한국 공인중개사협회 교육원에서 실시하고 있습니다. 교육대상자는 개업 예정인 공인중개사 및 소속 공인중개사 고용 예정인 공인중개사로 교육시간은 총 28시간으로 진행하고 있습니다.

교육비는 13만 원이고 유효기간은 1년이에요. 즉, 실무 교육을 이수하고 1년 안에 개업 또는 취업해야 해요. 만약 교육을 듣고 1년 안에 개업이든 취업이든 하지 않았다면 다시 교육을 받아야 합니다. 그러니 자격증 땄다고 바로 받을 필요는 전혀 없고 공인중개사로서 일을 시작하기 전 1년 이내에만 받으시면 됩니다.

  코로나 시기에는 실무 교육이 온라인 수업 28시간이라 정말 편했는데, 2023년 5월부터는 다시 기존대로 현장 교육으로 바뀌었어요. 일정은 주기적으로 계속 있지만, 서울처럼 인기 지역은 특히 빨리 마감되니 홈페이지를 미리미리 확인하고 접수하세요.
  '온라인 7시간 + 집합 교육 3일(21시간)' 또는 '집합 교육 4일(28시간)'로 돌아갑니다.

공인중개사 필수 실무 교육	
교육시간	현재는 [현장교육 4일] 또는 [사이버 7시간+현장교육 3일] 중 택일, 교육 완료 후 별도 시험이 있음(난이도는 부담없으니 걱정하지 말 것!)
교육비	13만 원
유효기간	1년
교육 대상	1. 중개사무소의 개설등록을 신청하고자 하는 공인중개사 2. 중개사무소의 개설등록을 신청하고자 하는 중개법인의 대표자, 임원 또는 사원 (합명회사 또는 합자회사의 무한 책임사원) 3. 소속공인중개사로 고용신고를 하려고 하는 공인중개사

면제 대상	1. 폐업신고 후 1년 이내에 중개사무소의 개설등록을 다시 신청하거나 소속공인중개사로 고용 신고를 하려는 자 2. 소속공인중개사로서 고용관계 종료 신고 후 1년 이내에 중개사무소의 개설등록을 신청하거나 고용 신고를 다시 하려는 자
준비물	공인중개사 자격증 사본 1부 + 여권용 사진 1매 + 교육비 13만 원
신청 방법	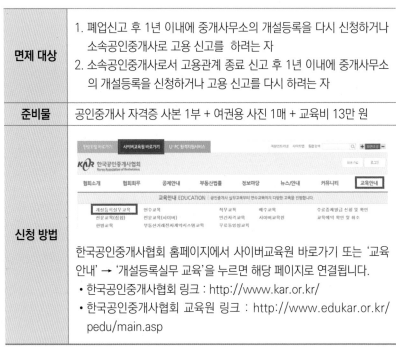 한국공인중개사협회 홈페이지에서 사이버교육원 바로가기 또는 '교육안내' → '개설등록실무 교육'을 누르면 해당 페이지로 연결됩니다. • 한국공인중개사협회 링크 : http://www.kar.or.kr/ • 한국공인중개사협회 교육원 링크 : http://www.edukar.or.kr/pedu/main.asp

(출처 : 한국공인중개사협회, 한국공인중개사협회 교육원)

공인중개사로서의 업을 하기 위해서 실무 교육은 필수 요건입니다. 자격증이 나온 직후인 12~1월에 실무 교육 신청자가 제일 많아요. 집합 교육이다 보니 장소에 제한이 있어 최소 1~2달 전에는 신청해야 합니다. 교육원 홈페이지에 집합 교육 일정의 마감 여부가 공지되니 확인하고 신청하면 됩니다.

중개업 실무를 시작하고 나서 2년이 되면 '연수 교육'을 받아야 해요. 일회성 교육이 아니고 중개업을 하는 모든 개업 또는 소속 공인중개사들은 2년마다 연수 교육을 받아야 합니다. 만 2년이 되기 전에 미리 받아야 하는 것은 아니고, 만약 2022년에 개업했다면 2024년에 연수 교육을 받으라고 해당 지자체에서 연락이 와요. 그럼 2024년이 지나기 전에만 받으면 됩니다. 자세한 내용은 홈페이지를 확인하세요.

TIPS!

중개사무소 소재지가 서울에 있는 경우 연수 교육은 '서울시 평생 학습포털'에서 무료로 들을 수 있어요. 나머지 지역은 안타깝지만(?) 유료이며, 4~6만 원 정도입니다(지역마다 조금씩 다릅니다).

중개사무소
개설등록

소속 공인중개사가 아닌 '개업 공인중개사'로 창업하는 방법에는 3가지가 있어요.

① 개인 사무소 개설등록
② 합동 사무소 개설등록 (+ 별도 사업자등록 가능)
③ 법인 사무소 개설등록

1. 개인 사무소 개설등록

개인 사업자로 부동산 중개사무소를 오픈하는 경우예요. 보통 처음에는 법인 사업자보다는 개인 사업자로 개업하는 경우가 많습니다. 사업자에 대한 이야기는 뒤에서 더 자세히 다루어볼게요. 오픈하기 전에 당연히 좋은 중개사무소 자리를 찾기 위해 손품, 발품 팔며 찾는 것은 필수겠죠! 그런데 중개사무소 자리를 찾기 전에 가장 중요한 것이 하나 있어요.

바로, 내가 주력으로 하고자 하는 '중개대상물 정하기!'

특히나 초보일 경우에는 이것저것 다 하려면 오히려 성장이 더디어요. 내가 하고자 하는 중개대상물이 무엇이냐에 따라 중개사무소 자리를 정해야 하기 때문에 구하기 전에 이 점을 충분히 생각하고 명확히 하는 게 중요해요.

저는 첫 시작을 부동산 중개인이신 외할아버지와 함께하다가 독립했어요(소공이 아니고 개별 사업자를 걸고 개공으로 시작했습니다). 가족이다 보니 공과 사의 구분이 없고 불편한 점이 있던 중, 1층 소형 상가 하나가 접수되었는데 임대료가 정말 싸길래 덜컥 제가 계약했어요. 어차피 온라인으로 마케팅할 생각이라 '위치야 상관없겠지, 뭐' 하는 안일한 생각으로 오래된 건물 1층 공방이었던 곳을 인수했다가 정말 후회했어요.

주변에 부동산 중개사무소가 없었는데, 없는 데는 다 이유가 있었어요. 손님이 오기도 불편하고 제가 물건들 체크하러 가는 것도 너무 번거로워서 5번 갈 거 1번 가게 되고 정말 별로였어요. 부동산 중개사무소를 하겠다는 사람이 이렇게 자리 보는 눈이 없어서 되겠나 스스로 한심해했던 기억이 있어요.

한창 매출이 잘 나올 때 혼자 조용히 일할 수 있는 나만의 공간이 필요해서 계약했던 것인데 잘못 생각했던 것 같아요. 비싼 경험 했다고 생각하고 1년 만에 정리하고 나왔답니다. 이때, 아무리 온라인 마케팅을 하더라도 부동산 중개사무소 자리는 정말 신중하게 골라야겠다고 느꼈어요. 그나마 다행인 것은 그 안에서 유튜브도 시작하고 블로그 마케팅, 파워링크 등 새로운 온라인 마케팅에 도전해보면서 효과를 테스트했는데, 그 경험 하나 건졌어요.

다시 본론으로 돌아와서 내가 주력으로 할 '중개대상물'을 먼저 정하고 중개사무소 자리를 찾는 것은 굉장히 중요해요. 아파트를 할 생각이면 당연히 세대 수 많은 아파트의 단지 내로 들어가는 게 좋고, 원·투룸 전문 중개를 하고 싶다면, 대학가 근처로 가는 게 좋아요. 상가 위주로 하려면 당연히 상권 형성이 잘된 지역으로 가야겠죠. 또 저처럼 지식산업센터 등의 업무용 부동산 위주로 중개할 생각이라면, 오피스 상권으로 들어가야 해요.

| 부동산 중개사무소 자리 Check Flow & Point! |

1. 주력 중개대상물을 정한다.
   - 나의 성향과 관심사, 근무 조건 등을 고려해 신중히 생각한다.
2. 그 물건들이 가장 많은 지역을(출퇴근 거리와 시간을 고려) 정한다. 업무 반경이 중요하다.
   - 네이버 부동산에서 매물 수를 확인해서 그 매물이 많은 지역을 후보로 정한다.
3. 지역을 정했으면 중개사무소 자리를 확인한다.
   - 공인중개사협회 사이트에서 중개사무소 자리가 나온 것을 확인하거나 네이버 부동산 매물 중 상가와 사무실 찾기 등의 방법을 이용한다.
4. 가격을 비교하면서 1층을 할지, 2층 이상으로 갈지를 결정한다.
   - 보통은 접근성과 가시성 면에서 1층 부동산이 좋으나 때에 따라서는

입지 좋은 2층이 나을 때도 있다. 1층에 할 거라면 확실히 눈에 잘 띄고 역에서 접근성 좋고 건물 앞에 도로가 넓은 곳이 좋다. 단, 나무나 전봇대 등에 가려지면 1층의 장점들이 작아진다. 이런 조건을 못 맞출 거라면 차라리 월세 저렴한 2층으로 올라가고, 그 아낀 차익으로 광고에 투자하는 것도 좋은 방법이 될 수 있다.

아파트, 원·투룸, 주거용 오피스텔 등 주거용 부동산 위주의 중개를 한다면 배후수요가 많은 위치의 1층 부동산을 추천해요. 같은 건물 내에서도 주출입구인지 부출입구인지를 따져요. 흘러가는 상권인지 머무르는 상권인지, 또 역에서 몇 번째로 가까운지, 멀리서도 잘 보이는 위치인지 등을 고려해서 정해요.

아무리 온라인 시장이 발달했다고 한들 1층 부동산 중개사무소의 장점은 두말하면 입 아파요. 물건지 근처로 임장을 왔던 손님이 눈에 보이는 중개사무소에 들어왔다가 계약을 할 수도 있는 거고, 또 가장 중요한 것은 '여기에 부동산 중개사무소가 있다'라는 사실을 크게 힘들이지 않고 알릴 수 있어서 매물 접수가 많아요. 매물이 많으면 광고를 하기에도, 손님에게 비교하며 보여주기에도 여러모로 유리합니다. 그렇게 확률을 높이다 보면 매칭률도 높아지니 굉장히 중요한 부분이에요.

목 좋은 곳 1층에 부동산 중개사무소 간판과 전화번호를 대문짝만 하게 써놓고 비싼 권리금을 내고 들어가서 장사하는 게 괜히 그러는 게 아니랍니다. 거기에 온라인 마케팅까지 잘하면 거기는 잘 안되는 게 이

상할 정도예요.

2층 이상으로 올라가는 부동산 중개사무소에 대해 알아볼게요. 상업용·업무용 부동산 중개 시장에서는 주거용에 비해 내부를 촬영하기 좋아 자연스럽게 블로그나 유튜브 등의 온라인 마케팅이 발달하게 됩니다. 개인이 아닌 회사(사업자)를 상대로 중기하게 되는데, 보통 처음에 부동산 중개사무소에 연락하는 사람은 대표보다는 임직원인 경우가 많아요(물론 대표가 오기도 하지만 규모가 클수록 대표는 마지막에 움직이거나 아예 위임받은 실무책임자가 옵니다). 중개사무소에 처음 연락하는 담당자는 대부분 무작정 오는 것이 아니라 일단 인터넷으로 매물을 찾아본 후, 해당 매물이 있는지 전화해서 약속을 잡고 방문합니다. 직장인에게는 이 업무 또한 일이니까요. 개인의 집을 구할 때처럼 그렇게 열정적이고 깐깐하지는 않습니다(그렇다고 쉽다는 이야기는 아닙니다).

그러다 보니 어차피 예약 방문이라 워크 인(walk in) 손님이 별로 없고 1층의 경우, 오히려 불필요한 잡상인의 출입이 많고 임대료가 높으니 비교적 저렴한 2층이나 3층에 사무실을 차리기도 합니다. 그렇게 저렴하게 임대료를 내는 대신 그 비용을 온라인 광고에 많이 투자하죠. 온라인 위주로만 마케팅하는 부동산 중개사무소는 밖에서 볼 때는 부동산 사무실이 있는지조차도 모를 정도로 해놓고 영업하는 경우도 있어요.

또 건물 매매나 시행부지, 사옥부지 등의 거래금액이 큰 분야를 중개하게 되면 고객사가 보안을 중요하게 생각하는 경우가 많아요(그래서 사업자를 대상으로 하는 부동산 중개사무소는 별도로 회의실을 따로 두기도 해요). 이름 있는 기업들은 특히나 소문나는 것을 별로 좋아하지 않고 신뢰를 중요하게 생각하기 때문에 전속으로 맡기게 되는 중개법인이나 중개사무소가 이미 있어요. 그래서 이 분야의 전문 중개사무소나 중개법인들은 굳이 1층에 있을 이유가 없어 일반 회사처럼 상층부로 올라가기도 한답니다.

이처럼 어떤 중개대상물을 주력으로 하느냐에 따라 부동산 사무실 자리도 바뀔 수 있고, 마케팅 방법도 달라지니 잘 생각하고 시작하시기를 추천합니다!

2. 합동 사무소 개설등록(+ 사업자등록)

합동 사무소는 보통 임대료가 비싼 지역이나 사무소에서 가끔 자리가 나오는 형태예요. 합동 사무소는 사실 동업일 수도 있고, 공간만 공유하는 형태의 개별 사업일 수도 있고, 정하기 나름이에요. 합동 사무소에서 개업하는 가장 큰 이유는 딱 하나예요. 바로 '임대료 부담 나누기'입니다!

굉장히 다양한 형태로 합동 사무소가 운영될 수 있는데, 한번 살펴볼게요.

Case 1. 혼자서 사무실을 운영하다가 부동산 경기가 그다지 좋지 않아 계약은 줄어들고 매월 나가는 고정비와 임대료가 부담되어서 중개사무소에 일부 남는 자리를 합동 사무소 자리로 구인공고를 올리는 경우입니다. 1개의 부동산 사무실에 이름이 다른 부동산 사무실이 1개 더 추가되는 것이에요(중개사무소 개설등록 시 외부 간판이 의무가 아니기 때문에 굳이 달지 않아도 되기에 밖에서 볼 때는 변화가 없고 내부 사정을 모르면 외부인들은 변화를 알 수가 없습니다).

Case 2. 처음부터 2명이 함께 동업할 생각으로 공동창업하는 경우입니다. 처음부터 2개의 사업자가 개업하는 것이라 보통 이런 경우는 간판도 처음부터 2개를 설치하는 경우도 있고, 대표로 하나만 설치해서 손님과 배물을 공유하는 경우도 있어요. 협의하기 나름입니다.

Case 3. 강남이나 서울 중심지의 임대료 비싼 동네에서는 사무소 한 곳에 책상 6~7개 정도 배치해놓고 각자 다 대표로 사업자를 등록해서 영업하는 경우도 있어요. 이 경우, 함께 임대료를 나누어서 내기 때문에 1명 공석이 생기면 주변 지인 중개사에게 소개해서 채우는 경우도 있고, 구인 공고를 올려서 채우는 경우도 있습니다.

합동 사무소는 이름 그대로 '합동' 사무소예요. 정해진 형태는 없고 한 공간에 2인 이상의 대표가 각사의 사업자를 걸고 중개사무소 개설등록을 한 형태라면 모두 합동 사무소라고 생각하면 돼요. 애초부터 합동 사무소로 운영할 계획이라면 간판에도 합동 사무소라고 쓰는 경우도 있는데, 기존에 중개사무소를 운영하고 있다가 다른 사업자가 추가로 들어온 경우라면 간판은 그대로 있어 외관만 봤을 때는 합동인지, 아닌지 잘 모르는 경우가 많아요(동업이라면 애초에 간판을 반반으로 하는 경우도 있어요 → 별님 부동산/달님 부동산).

합동 사무소도 개인 개설등록 절차와 95% 똑같아요. 다만 합동 사무소는 원칙적으로 '전대차'의 형태입니다. 임대인(=소유자) → 임차인에게 임대해준 상태에서 임차인(=전대인) → 전차인에게 다시 전대차계약을 맺는 거예요(에초에 동업자 2명을 공동 임차인으로 해서 임대차계약을 맺을 수도 있겠지만, 많은 경우의 합동 사무소는 전대차 형식입니다).

이때 임대인인 소유자(=건물주)의 동의가 반드시 있어야 해요.
전대차 계약서에 '전차인의 공동사용을 승낙한다'라는 문구와 임대인의 도장이 들어가든지, 아니면 전대차 계약서와는 별도로 임대인의 도장이 들어간 '공동사용 승낙서'가 필요합니다.*

합동 사무소의 장단점에 대해서는 다음 장에서 좀 더 자세히 다루어 볼게요.

3. 법인 사무소 개설등록

초보 관점에서 간단하게 궁금할 만한 것들을 설명할게요.

중개법인이란 개인 사업자인 중개사무소가 하는 일들을 회사 단위로 하는 곳이라고 생각하면 됩니다. 회사도 대기업, 중소기업, 1인 기업 등

---

* 시·군·구청에 중개사무소 개설등록 신청을 할 때는 임대인 승낙서 없이 기존 임차인과의 전대차 계약서만 확인해서 개설등록 시켜주기도 하는데, 그 등록증을 가지고 사업자를 등록할 때는 무조건 임대인 승낙서가 필요해요. 결론은 [전대차계약서] & [임대인 도장이 들어간 공동사용 승낙서], 둘 다 필요해요.

의 형태로 나뉘잖아요? 중개법인도 마찬가지예요. 부동산을 중개하는 회사로서 대형 중개법인이 있고, 직원수 1~20명 이하의 중소 중개법인이 있고, 1인 중개법인도 드물지만 있어요.

보통 개인이 하는 공인중개사 사무소는 그 사무소가 위치한 지역의 매물을 많이 중개하는 편인데, 법인 같은 경우는 상업용 부동산을 주로 하기 때문에 지역적으로 한계를 두지 않고 다루는 편이고, 필요하다면 타 지역에 분사무소를 둘 수 있어요.

제 주변에 소공으로 시작해서 중개법인 대표까지 되신 분을 예로 들면, 자격증을 따서 3년간 소공 생활을 하시고, 독립해서 개업했는데, 계약을 정말 많이 하셨어요. 큰 건, 작은 건 따지지 않고 혼자서 거의 1일 2계약 하시다가 직원들을 하나둘 모집해서 운영하시더니 나중에는 상업용(대형 프랜차이즈 임대, 건물 매매 등) 부동산 중개 위주로 중개대상물이 업그레이드되면서 중개법인으로 전환하시더라고요. 이렇게 개인으로 공인중개사 사무소를 운영하다가 법인으로 전환하는 경우도 있고, 처음부터 법인으로 시작하는 경우도 있습니다.

(1) 중개법인이 개인 중개사무소보다 유리한 점
첫번째는 '합법적으로 지점을 낼 수 있다는 것'을 들 수 있어요. 개인 공인중개사사무소는 원칙적으로는 분사무소를 낼 수 없는데요. 중개업을 하다 보면 편법으로 부동산 중개사무소를 4~5개 운영하시는 분들을 종종 만나게 돼요.

워낙 노하우가 쌓이다 보니 중개사 자격증이 있는 사람을 대표로 등록해놓고, 실질적인 영업과 경영은 본인이 하는 거죠. 서류상 대표에게는 월급을 줄 수도 있고, 협의하에 수익을 비율대로 나누어 가져갈 수도 있어요. 이것을 합법적으로 당당하고 편하게 할 수 있는 게 '분사무소 등록이 가능한 법인설립'이에요. 그래서 사실 규모가 작은 경우는 법인까지 가지는 않고 규모가 점점 커질 때 법인으로 전환하고, 필요시 타지역에도 분사무소를 설치하는 경우가 많아요.

두 번째는 세금인데, 이것은 무조건 유리한 게 아니고 매출이 많이 발생해서 과세표준이 높을 때 유리해요. 연간 총매출이 2~3억 원이 넘어가면 세금 부분에서는 법인이 유리하고, 그 정도가 아니라면 법인으로 전환했다고 해도 실익이 없다고 해요(물론, 직원들 급여나 임대료, 광고비, 기타 비용 등의 경비에 따라 과세표준이 달라질 수 있기 때문에 2~3억 원이 정확한 기준은 아닙니다).

세 번째는 '법인'이라는 그 자체의 묵직한 느낌입니다. 개인이 하는 중개사무소와 회사 규모의 중개법인이 고객에게 주는 느낌은 다르겠죠. 그래서 법인은 보통 상업용 부동산을 다루고, 상업용 부동산은 보통 중개법인에서 많이 거래되는 이유예요(물론 아파트와 같은 주거용 부동산을 취급하는 중개법인도 많이 있어요). 법인 소속 공인중개사들은 물건을 보여줄 때 그냥 말로 설명하는 것이 아니라 대부분을 자료화해서 브리핑해요.

(2) 중개법인으로 개업할 때의 단점

중개법인으로 사무소를 오픈하는 것의 단점은 '개인'이 아닌 '법인'인 점, 즉 '중개법인'이라서가 아니라 '개인 사업자 vs 법인 사업자'의 차이에서 오는 불편함이 단점이에요.

개인 사업자로 업무처리를 할 때는 신분증만 있으면 되는데, 법인으로 움직일 때는 각종 서류와 회계처리 등의 불편함이 있고, 또 법인으로 벌어들인 소득을 나에게로 귀속시키려면 이중과세의 문제도 있지요.

아무튼 우리 초보 입장에서는 매출이 많으면 법인이 유리하고, 월 1,000만 원 버는 게 목표인 개인에게는 그냥 개인 사업자가 속 편하다고 이해하시면 간단합니다.

개설등록
Flow & 사업자등록

(출처 : 한국공인중개사협회)

1. 필수 실무 교육을 이수합니다.

   실무 교육 일정 : 공인중개사협회 홈페이지에서 확인합니다.

   준비물 : 공인중개사 자격증 사본 1부, 여권용 사진 1매

   교육비 : 13만 원(교재 포함)

2. 사무소를 개업하고자 하는 사무실의 임대차계약 후 잔금을 치릅니다.

   → 기존 부동산 중개사무소를 인수하는 경우는 상관없지만, 다른 업종이 있던 자리나 공실이었던 곳에 오픈한다면, 건축물 대장상 근린생활시설인지 확인하고, 건물 자체 별도 규약은 없는지, 구청에 중개사무소를 등록할 수 있는 곳인지 한 번 더 확인합니다.

→ 합동 사무소로 개설등록을 할 경우 전대차계약서 또는 공동사용 승낙서에 임대인(건물주) 도장을 미리 받아놔야 합니다.

3. 개설하고자 하는 관할 시·군·구청에 가서 개설등록 신청서를 쓰고 제출합니다.
   [개설등록 시 제출해야 하는 서류]
   - 공인중개사자격증 사본 1통
   - 실무 교육이수증 사본 1통
   - 사무소 임대차 계약서 사본 1통 (합동 사무소인 경우 임대인 공동사용승낙서 1통)
   - 여권용 사진 2장
   - 수수료 2만 원
   - 인장으로 사용할 도장(개인은 7~30mm 이내 사이즈 / 법인은 법인인감)
   - 개설등록 신청서 및 인장등록 신고서(등록관청에도 비치되어 있고 협회 홈페이지나 정부24에서도 출력 가능)

4. 시·군·구청에서 확인 후 결격사유가 없으면 7일 이내에 등록증 통지 후 발급합니다(실사 나오는 경우도 있고 그냥 해주는 경우도 있습니다).

5. 개설등록증을 발급받으면 바로 세무과에 가서 등록면허세 27,000원을 납부합니다.

6. 업무 개시 전 손해배상책임을 위한 공제에 가입해야 합니다. 2023년부터 개인은 2억 원, 법인은 4억 원 이상 보증 한도가 적용됩니다. 공인중개사협회 이외에 다른 기관에서도 가입할 수 있으나 대부분 협회

공제를 가입합니다. 협회 최초 가입비 50만 원과 2억 원 보증에 대한 공제 보증료를 매년 248,000원(개인, 2억 한도 기준)을 납부합니다(중개업 사고 없이 오래 하면 할수록 보증료는 할인됩니다).

- 공제 보증료 세부사항은 한국 공인중개사 협회 홈페이지 참조
- 협회 정례회비 : 6,000원/월(협회에 회원등록한 월의 익월부터 청구)

7. 공인중개사 개설등록을 마쳤으면 마지막 절차로, 사업자등록을 신청합니다.

→ 국세청 홈택스에서도 간편하게 할 수 있으며, 관할 세무서에 가서 신청서를 내고 해도 무방합니다.

Q 개설등록 시 간이과세자와 일반과세자 중에서 선택하라고 하는데 어떤 게 나은가요?

A 일단 처음 개업하시면 '간이과세자'로 시작하시길 추천해드려요. 우선 고객에게 10%의 부가가치세를 안 받아도 되기에 수수료 가격 경쟁률에서 장점이고, 간단하게 현금영수증 처리를 해주면 되기 때문에 편하답니다.

어차피 매출액이 늘어서 8,000만 원 이상이 되면 그다음 해에 자동으로 '일반과세자'가 되고, 또 '간이과세자 포기'도 원하면 언제든 가능해요. 혜택을 포기하고 그냥 일반과세자로 바꾸는 방법도 있기 때문에 일단 간이과세로 시작해서 필요에 따라 바꾸시는 것을 추천해드려요.

단, 고객층이 개인(사람)이 아닌 사업자(회사)들 위주로 중개를 시작하실 거라면 일반과세자로 시작하시는 것을 추천해드려요. 사업자 고객

대부분은 회계처리를 위해 세금계산서를 요구하기 때문에 간이과세자와는 맞지 않아요. 우선 시작은 간이과세자로 하셨다가 이러한 상황에 해당한다면 관할 세무서에 가서서 간이과세자를 포기하고 일반과세를 신청하면, 신청 후 1개월 이내로 전환이 완료됩니다. 일반사업자는 세금계산서, 현금영수증 둘 다 가능해요.

중개사무소 개설등록 및 사업자등록증 절차까지 마쳤으면, 이제 사무소에 4가지 서류를 고객들이 볼 수 있도록 비치해놔야 하는데요.
　① 공인중개사 자격증 원본(개공, 소공 모두)
　② 중개사무소 개설등록증 원본
　③ 공제증서
　④ 사업자등록증
　이렇게 [4가지 서류]와 [중개보수 요율표]를 사무소 내 잘 보이는 곳에 게시하고 영업을 시작하시면 됩니다!

| 참고 |

부가가치세는 상품 거래나 서비스 제공 과정에서 얻어지는 부가가치에 대해 부과되는 세금입니다. 부가가치세는 간접세로, 공급자(사업자)가 신고 및 납부하되 최종 소비자가 대금을 지불할 때 부가가치세가 포함된 가격으로 결제합니다.
사업자는 일반과세자와 간이과세자로 나뉩니다. 연간 환산 매출액이 8,000만 원 이상인 경우 일반사업자이고, 미만인 경우 간이과세자에 해당합니다. 간이과세자 중에서도 연간 환산 매출이 4,800만 원 미만인 경우 순수 간이

과세자로 부가세 면제 대상이며, 4,800만 원 이상 8,000만 원 미만인 경우 부가세를 받고 신고, 납부해야 합니다.

공인중개사도 간이과세자나 일반과세자로 나뉩니다. 간이과세자인 경우 연간 환산 매출에 따라 부가세를 받거나 받지 않을 수 있으며, 일반과세자는 중개보수를 받을 때 부가세를 고객으로부터 추가로 받아야 합니다.

공인중개사 업종을 앞과 같은 로직으로 정리하자면,

1) 연환산매출 4,800만 원 미만 간이과세자인 공인중개사 : 부가세 납부의무는 면제입니다. 단, 납부의무가 면제되는 것이지 신고의무까지 면제되는 것은 아니라서 부가세 신고 기간에 신고는 꼭 해야 해요.
   Cf) 세금계산서 X(발급불가) 현금영수증 ○(의무)

2) 매출 4,800만원 이상 8,000만원 미만의 간이과세자 공인중개사는 매출 4%의 부가세를 부담합니다.
   Cf) 세금계산서 O(가능) 현금영수증 ○(가능) => 둘 중 하나

3) 일반과세자인 공인중개사는 중개보수를 받을 때 고객으로부터 부가세를 추가로 더 받아야 해요. 예를 들어, 중개보수가 100만 원이라고 하면 고객에게 중개보수 100만 원에 부가세 10%인 10만 원을 더 받아두었다가 (총 110만 원) 부가세 신고기간에 신고 및 납부를 해야 해요.
   Cf) 세금계산서 ○(가능) 또는 현금영수증 ○(가능) => 둘 중 하나

중개업을 이제 막 개업했을 때는 매출액이 없기 때문에 간이과세자로 시작할 수 있어요. 따라서 위 1) 유형에 따라 부가세 부담이 전혀 없거나, 2) 유형에 따라 4%의 낮은 세금을 부담하실 수 있습니다.

* 부동산 중개업은 현금영수증 의무 발행 업종으로, 사업자 종류 상관없이 중개보수가 10만 원 이상이면 현금영수증(또는 세금계산서)을 반드시 발급해줘야 합니다.
* 중개법인 사업자는 매출에 상관없이 무조건 일반과세자입니다.

III

알아두면 쓸모 있는
중개업 용어사전

부동산 중개업에서
사용하는 다양한 호칭

1. 공인중개사 종류 및 호칭

공인중개사 사무소를 종별로 보면 개인과 법인으로 나뉘고, 공인중개사 자체로 보면 크게 두 부류로 나뉘어서 개공 아니면 소공으로 부릅니다.＊

공인중개사들 보임에 가서 "개공이세요? 소공이세요?" 하면 나올 수 있는 대답은, 일반적으로 다음의 3가지입니다.

"아, 저 어디 어디 지역 개공이에요. 몇 년 됐어요."

"아, 저 어느 지역 소공으로 있어요."

"아, 저는 강남 ○○법인에 소공으로 있어요."

제가 처음에 이런 것도 몰랐기에 혹시 모르는 분들이 계실까 봐 설명

＊개공 : 개업 공인중개사, 소공 : 소속 공인중개사

합니다.

부동산업을 시작하고 서로 명함을 주고받다 보면 명함에 다양한 직함이 적혀 있는데, 호칭에 대한 정리를 한번 해드릴게요.

우선 개공이든, 소공이든 공인중개사라면 명함에 공인중개사를 무조건 넣는 추세입니다. 국가 자격증이며 신뢰를 줄 수 있으니까요. 중개보조원과의 차별을 두기 위해 '우리 사무소는 100% 공인중개사만 근무합니다'라는 문구를 사무실 전면에 광고하는 분들도 있어요.

2. 부동산 업계에서의 직함

명함에 '대표 공인중개사', 이렇게 적혀 있으면 95% 이상 개업 공인중개사입니다. 1인 사업체든 직원이 있든, 본인이 공인중개사이면서 해당 사무소의 대표로 있다는 의미예요. 그런데 간혹 명함에 대표나 CEO 등의 직함만 있고, 공인중개사가 안 적혀 있는 경우가 있어요. 보통은 사장 본인은 자격증이 없고 공인중개사 자격증은 다른 사람 명의로 걸어놓고 영업하는 경우입니다. 대표는 중개보조원인 셈이지요. 요즘은 이런 경우가 많이 줄어들긴 했으나, 여전히 공인중개사 자격증이 있는 사람을 바지 대표로 앉혀놓고 영업하는 중개사무소를 만나게 되곤 합니다. 2023년 4월 18일에 공인중개사법이 일부 개정되어 중개보조원은 의뢰인에게 본인이 중개보조원이라는 사실을 미리 알려야 해요. 이 개정법이 시행(23.10.19 시행)되고 나면, 무자격 부동산 중개사무소가 많이 없어지지 않을까 하는 생각이 듭니다.

부동산에서는 '소장'이라는 직함도 굉장히 많이 써요. 보통 부동산 사무실의 사장님(대표)을 소장이라고 불러요. 요즘은 대표라는 직함을 많이 쓰는데, 예전에는 소장이라는 직함을 더 많이 썼던 것 같아요. 저 같은 경우도 명함이나 홍보 문구에 저를 표현할 때 직함에 소장, 대표 둘 다 번갈아가며 쓰고 있어요.

소속 공인중개사나 중개보조원은 부장, 실장, 이사, 사장, 팀장 등의 직함을 추가로 달아주는 경우가 많습니다. 중개업의 오래된 역사 깊은(?) 직함으로 따져보면 남자는 부장, 여자는 실장, 이 2가지가 기본적인 부동산 중개사무소 직원의 직함 국룰입니다. 여기에 좀 더 있어 보이려고 쓰는 이사, 팀장, 사장 등의 직함들이 있어요.

사실 딱 정해진 것은 없고 지역에 따라, 중개대상물에 따라 약간씩 다르기도 하고, 대표냐, 사장이냐, 소장이냐는 결국 사장 본인이 쓰고 싶은 것을 쓰는 거예요. 다만, 중개법인에서는 소장이라는 표현을 쓰는 분은 못 들어봤고, 대표 아니면 이사 또는 팀장 직함을 써요. 사실 실무자가 중요하기 때문에 직함 자체는 큰 의미가 없지만, 그래도 '개공인지, 소공인지', '공인중개사인지, 중개보조원인지' 정도는 구분해서 알아두는 게 공동중개를 할 때나 상대 부동산 중개사무소를 파악하기에 좋은 것 같아요.

| 공인중개사 vs 중개보조원 : 실무적으로 나타나는 차이 |

공인중개사 : 확실히 법적으로 기본적인 내용을 잘 알고 꼼꼼한 편이고, 공인중개사 자격증이 걸려 있기 때문에 중개법에 위배될 만한 위험한 언행은 잘 하지 않음. 단, 그로 인해 영업력은 다소 떨어질 수 있음.
중개보조원 : 중개법 위반에 대한 두려움이 공인중개사에 비해 상대적으로 덜하고 법을 위반했어도 자격증 취소나 등록취소가 될 일이 없고(애초에 자격증이 없으니까), 과태료나 벌금이 전부이기 때문에 굉장히 영업력이 공격적임.

물론, 이것은 저의 짧은 경험에서 느낀 주관적인 생각이지만, 공인중개사는 힘들게 취득한 본인의 자격증이 걸려 있으니 위험한 중개나 무리한 영업은 하지 않는 편이에요. 그런데 중개보조원분들은 경력이 오래되신 분은 오래되신 대로 영업력이 출중했고, 경력이 짧은 초보들은 또 무서울 게 없어서인지 밀어붙이는 모습이 보였어요.

중개보조원이라 함은 원래 부동산 중개에 직접적으로 개입해서는 안 되지만, 현실에서는 공인중개사 자격증이 있는 나이 지긋하신 대표님이 부동산 중개사무소를 차려서 40~50대의 입심 좋은 중개보조원을 뽑아놓고 일하는 경우가 상당히 많아요. 여자 대표+여자 실장, 여자 대표+남자 부장, 남자 대표+여자 실장의 궁합은 좋은 편이고, 남자 대표+남자 부장의 궁합은 폭망의 지름길이라는 우스갯소리도 있어요. 그만큼 자격증을 따는 공부머리와 영업적인 일머리는 다른 듯합니다.

중개보조원의 부동산 업계에서의 활약은 개인이 하는 작은 부동산 중개사무소에서의 일만은 아니에요. 대형 중개법인의 경우에도 대표는 공인중개사 자격증이 있는 바지사장을 앞혀놓고 실세는 무자격자(중개보조원이며 수완이 좋고 영업력이 출중한)인 경우가 많아요.*

중개사법을 공부해보셔서 아시겠지만, 중개보조원은 기본적인 업무 보조만 할 수 있어요. 하지만 실무에서는 영업왕(?) 중개보조원이 영업을 하고, 개공 인장도 직접 가져다가 계약서에 대신해서 찍는 경우도 있죠. 불법과 편법, 그 사이에서 위험하게 줄다리기하는데, 누가 신고하지 않는 이상 적발되기는 쉽지 않아요. 이번에 일부 개정된 중개보조원의 고지 의무가 얼마나 효과가 있을지 지켜봐야 알 듯합니다.

우리 초보 공인중개사들이 조심해야 할 부분이 있어요. 자격증을 취득하고 나면 여기저기서 검은 유혹의 손길들이 손을 뻗곤 합니다. 인장을 빌려주면 도장값으로 얼마를 준다는 둥, 직원으로 들어가는 건데, 개설등록을 내 자격증으로 해달라는 둥 아무 생각 없이 들으면 혹할 만한 나쁜 유혹들이에요. 그런 곳은 조심하셔야 합니다.

*바지사장이라고 해서 자격증만 있는 무능력자를 말하는 것은 아니고 같이 일은 하는데, 실제 경영이나 투자는 중개보조원이 할 수도 있다는 정도의 의미입니다.

특히 나는 직원으로 들어가는데 사장님이 자격증이 없어 내 자격증을 대표로 걸었을 때, '어차피 나도 같이 일하는 거니까 상관없지 않나?' 생각할 수 있지만, 그렇지 않아요. 문제가 생겨도 문제지만, 문제가 없던 계약도 나중에 고객이 사소한 문제로 불만을 제기하다가 '어? 내가 계약한 그 사람이 공인중개사가 아니네?' 하며 신고할 수도 있어요. 그 인장을 빌려준 공인중개사는 자격증 대여로 자격 취소, 등록 취소, 영업 정지 및 벌금형을(그 사안에 따라 판결이 다르긴 하지만) 받아 중개업을 떠난 사람의 이야기도 들어본 적 있어요.

최종 책임은 무자격자 중개보조원보다는 인장을 찍은 그 대표 공인중개사가 가장 무겁게 지기 때문에 소속 공인중개사로 취업하려는데 대표로 자격증을 걸고 일하자고 제안하는 곳이 있다면 피하시기를 바랍니다(물론 소속 공인중개사도 업무 개시하면 자격증을 겁니다. 바지 대표로 자격증을 걸지 말라는 이야기예요). 그 한순간의 돈 욕심보다는 정말 꾸준히, 그리고 열심히 내 매물을 모으고 광고해서 정석대로 중개 실력을 향상시키기를 바랍니다.

3. 손님 호칭에 대해

이번에는 손님 호칭에 대해 정리해볼게요. 이것은 정말 본인의 중개 스타일에 따라 천차만별이지만, 제 책이니까 제 스타일에 대해 써볼게요. 상업용 (비주거용) 부동산 중개 시 호칭은 단순하게 손님이 주신 '명함' 직함을 따라갑니다. 다음은 명함이 크게 의미가 없는 개인의 집을 구하는 주거용 부동산(원룸, 투룸, 오피스텔, 아파트 등) 중개 당시 저의 경험입니다. 또 저는 30대 중반의 나이라는 점을 염두에 두고 이런 식으로 했구나 하고 참고만 해주시면 좋겠습니다.

저는 일단 간접적인 호칭은 '손님', '고객님'이었어요. 간접적인 호칭이란, 예를 들어 A손님과 만나 동행하던 중, '예전에 이런 고객님이 계셨어요' 하면서 제삼자 이야기를 꺼내게 될 때, "예전에 오셨던 손님은…", 이런 식으로 표현했어요. 가끔 예전 에피소드를 이야기해주며 계약을 유도하고 부연설명을 하느라 다른 사람 이야기를 하게 될 때가 있거든요. 이럴 때 "예전에 오셨던 손님은…", 이런 식으로 '손님', '고객님'이라 단어를 써서 표현했어요.

참고로 손님 중 임차인, 임대인, 매수인, 매도인이라는 용어를 낯설어하는 분들이 정말 많아요. 설명할 때 임차인, 임대인 표현보다는 세입자, 집주인, 파시는 분, 사시는 분, 이런 표현이 더 이해하기 편하답니다.

직접적인 호칭은 나이대별로 다르게 불렀어요.

(1) 나보다 젊은 사람

만약 저보다 젊은 분일 것 같으면 물건이나 손님의 정보를 받을 때 꼭 성함을 여쭤보고 "○○ 님"이라고 성함을 불러드렸어요. 가끔가다 조금 친해지거나 어린 20대 초반 대학생분들께는 "○○ 씨"라고 하기도 했어요. 이름을 불러주면 좀 더 친숙하고 신경 써주는 느낌이에요.

20대의 젊은 분들은 부동산 중개사무소에 들어가는 것을 어려워하기도 하고, 중개사무소 몇 군데에서 불친절을 경험해서 위축된 경우가 많아요. 왜냐하면 동네 시세를 잘 몰라서 적은 예산을 들고 와서 물건을 찾으니 부동산 중개사무소를 오래 하신 분들 입장에서는 '어차피 계약 안 할 것 같음'으로 종결짓고 쌀쌀맞게 대하는 경우가 왕왕 있거든요. 저는 젊고 어린 분들께 '다른 데서 못 받아본 존중 내가 다 해드릴게!'라는 마음으로 항상 말투도 신경 쓰며 말했어요.

(2) 부모님과 함께 온 경우

사회 초년생분들의 경우, 전월세를 구할 때 부모님이 먼저 연락이 오거나 같이 방문하는 경우가 많아요. 그럼 저는 그 부모님을 "어머님", "아버님"으로 불렀어요. 아무리 성인이 되었다지만 부모 눈에는 아직 어리기만 한 자녀니까요. 타지에 귀한 자식을 보내놓고 얼마나 마음 졸이실까 공감해주면서 친절하게 여러 가지를 설명해드리면 안심하고 믿고 맡기셨어요. "어머님~", "아버님~"으로 부르면서 자제분은 "○○ 씨"라고 부르며 존중해드렸고, 이런 경우는 괜찮은 물건만 있다면(혹은 가격이 조금 초과되더라도), 거의 100% 저를 믿고 계약으로 이어졌던 것 같아요. 행여나 마음에 안 들어 다른 물건을 찾아달라고 하더라도 저랑 계약 하고 싶어 하시는 분들이 많았어요.

(3) 30~40대로 보이는 분들

30~40대는 신혼부부가 신혼집을 알아보는 경우, 아이 때문에 집을 넓혀서 가는 경우, 처음으로 집을 사는 경우가 가장 많아요. 이런 경우에는 조금 혼용했는데 우선 "사장님", "사모님"으로 부르는 게 기본이

었고, 대화해보니 저랑 나이가 비슷하다거나 어리다거나 하는 정보를 캐치하면 조금 더 친근하게 느낄 수 있도록 "○○ 님" 하고 이름을 부르기도 했어요. 그런데 말수가 적거나 조금 거리를 두는 느낌이 있는 고객분들께는 정중하게 "사장님", "사모님"으로 예의 바르게 높여 불러드렸어요. 특히 투자자 느낌이 나는 분들이라면 나이 불문하고 "사장님", "사모님"으로 호칭했습니다.

(4) 나이가 지긋하신 분들

연세가 있으신 손님들 호칭은 사장님, 사모님, 여사님, 회장님 등 분위기나 친밀도에 따라서 호칭을 달리했어요. 저희 엄마(60대)와 연배가 비슷하신 분들께는 "어머님~!" 하고 부르는 경우도 있었어요. 전체 호실 임대차계약을 제가 다 해드렸던 연세 많으신 임대인 할머니가 계셨는데, 그분은 워낙 자주 뵙기도 했지만, 지나가시는데 정말 반가워서 "할머니~~!" 하고 가서 안긴 적도 있답니다.

(5) 상가, 사무실 손님

앞의 호칭들은 주거용 부동산을 중개할 때 호칭들이었고, 상가나 사무실을 하다 보면 명함들이 오고 갑니다. 회사의 대표님이 사무실을 구하는 경우도 있지만, 직원들이 먼저 구하고 계약은 사장님이 오셔서 하는 경우가 제일 많아요. 상가나 사무실을 구할 때는 무조건 호칭은 명함을 따르는 것이 좋아요. 정보도 확인할 겸 연락이 오거나 미팅 시 명함을 먼저 받아서 회사 호칭은 거기 나온 직함대로 하고, 명함이 없다거나 애매모호하면 그냥 '사장님'으로 부르는 것이 무난합니다.

'사장님'이라고 부르다가 막상 직함에 '회장님'이라고 적힌 명함을 받으면 바로 회장님으로 올려서 불러드립니다. 반대로 사장님이라 불렀는데 '팀장' 직함이 적혀 있으면, 스리슬쩍 명함의 직함대로 '팀장'님이라고 정정해서 불렀어요. 상업용 부동산 중개 시 손님 호칭은 무조건 높여 부른다고 좋은 것은 아닌 것 같아요. 왜냐하면 보통 이런 경우는 혼자가 아니라 다른 직원이나 상사가 같이 와서 계약하는 경우가 많은데, 호칭이 꼬일 수 있어서 그렇습니다. 사장이 있는데 부하 직원한테 사장이라고 부르면 안 되니까요. 그리고 직원에게 사장님이라고 부르면, 대개의 경우 본인은 사장이 아니고 "○○○이다" 하고 알려주시는 경우가 많았습니다.

개공 VS 소공 VS 합동 사무소 VS 법인

1. 개공 = 개업 공인중개사

개업 공인중개사는 앞에서 말했듯이 본인의 자격증으로 중개사무소를 개설등록해 부동산 중개사무소를 운영하는 개인 사업자예요.

개업 공인중개사의 가장 큰 장점은! '내가 사장인 점'입니다.
그리고 기장 큰 단점은! '내가 사장인 점'입니다.

말장난이 아니고 그만큼 본인이 하기에 따라 매출과 발전은 천차만별이라는 의미입니다. 자격증을 취득하고 나면 공인중개사가 대단한 자격을 갖춘 전문가처럼 보이지만, 실상은 그냥 전문 자격증을 가진 영업직이고, 자영업자 그 이상도 이하도 아닌 것 같아요. 하물며 전문직의 최상위 군인 변호사, 회계사, 세무사들조차도 블로그 마케팅, 유튜브 마케팅에 뛰어드는 것을 보면 공인중개사는 전문가 이전에 성실함이 기본이 되어야 본전은 건질 수 있는 자영업자랍니다. 중개업은 설렁설렁하면 매출도 설렁설렁 나오는 게 아니라 극단적으로 무소득일 수 있어요.

　워크넷 자료에 따르면, 공인중개사 평균 연봉은 3,833만 원 정도이며, 상위 25%에 속한 사람들은 평균 4,144만 원 정도라고 해요. 평균이 생각보다 정말 작지 않나요? 중개업 시장에서도 2:8 파레토 법칙이 성립해 상위 20%가 공인중개사 전체 매출의 80%를 벌고, 80%가 전체 매출의 20%를 나누어 갖는 게 아닐까 싶습니다. 물론 부동산 경기에 따라 영향을 많이 받는 직종임을 감안하더라도 쉽지 않은 것은 확실한 것 같아요.

　정말 열심히 하지 않으면, 그리고 계속해서 생각하고 배움에 투자하고 발전하며 방향을 바로잡지 못할 거라면, 개업을 하는 것보다는 잘되는 부동산 중개사무소의 소공으로 들어가 배우면서 돈 버는 게 훨씬 낫다고 생각해요. 개업해서 제일 좋은 것은 '시간이 자유롭다', '중개 스타일을 내 마음대로 할 수 있어서 좋다', 이 2가지인데 오히려 장점이 독이 될 수도 있습니다. 개업하니 돈을 많이 벌 수 있어 좋다는 이야기가 나오려면 정말 열심히 해야 합니다.

　간혹 직장을 다니면서 자격증을 취득하신 분 중에 편하게 자기 사업을 하고 싶어서 퇴사한 후 중개사무소를 개업하시는 분들이 있어요. 그러나 생각보다 매출이 너무 안 나오고 중개사무소가 너무 안 돌아가서 당황스러워 하시는 분들을 많이 봤어요. 어느 정도 자리 잡고, 부동산 경기가 한창 좋을 때는 대충 해도 매출이 잘 나온다는 꿈같은 이야기가 가능할 수 있지만, 초반에 자리를 잡을 때까지는 직장인의 2배는 일해야, 아니, 거의 365일 24시간 몰두해서 부동산 생각만 하고 일해야 매출이 나온다고 생각해요. 많은 중개사들이 "주말에는 쉬고 싶다", "공휴일에는 쉬는 직장인이 너무 부럽다"라고 말해요. 그만큼 정말 치열하고, 직장인보다 더 열심히 해야 성공할 수 있는 게 자영업의 숙명입니다.

각오가 되었다면 꼭 개업하셔야 합니다. 공인중개사라면 소공에서 머무르지 말고 개업을 해야 발전합니다. 소공에 비하면 개공은 훨씬 더 빠르게 성장할 수 있어요. 중개업에 "소공 1년이 개공 1개월과 같다"라는 말이 있어요. 그 정도로 개공으로 일하면 소공 때 배우지 못할, 배울 수 없는 경험들과 그 절박함으로 인한 노하우가 생기지 않으려야 않을 수가 없어요.

소공으로 일할 때는 보통 사장님이 물건을 꽉 쥐고 있고, 직원인 소공은 열심히 새로운 손님 붙이는 작업을 합니다. 하지만 진짜 중개의 꽃은 클로징(계약서까지 가는 일)이고, 양쪽의 니즈를 내가 가운데서 들어보고 판단하고 개입해 합의점을 만들어가면서 중개가 느는데, 이런 것은 사장님이 다 하게 되어 소공은 그런 경험의 기회를 놓칠 수 있어요. 소공이 컨트롤하고 싶어도 어설프게 했다가 클로징이 안되면 계약 하나 날리는 셈이기 때문에 사장님이 관여하게 되는 경우가 많기 때문이에요. 하지만 실패를 통해 배우는 것도 상당한데 이런 것을 계속 피하고 사장에게 의존하게 되면 깨닫는 것도 없고 발전하는 게 없어서 나중에 시간이 지나면 지날수록 정작 중요한 일에 오히려 더 겁을 내게 돼요. 그래서 개공으로 있어야 경험하고, 깨지고, 뺏기고, 뒷빡 맞고, 반성하고 이런 일련의 과정들을 통해 중개가 늘고 고객의 마음이나 경쟁사들, 중개업을 하는 동료들의 마음을 이해하게 됩니다.

다만, 너무 기초적인 것도 모르는 상태에서 처음 개업하면(특히 실무에 관한 내용) 굳이 안 해도 되는 고생을 할 수 있기 때문에 시작은 소공으로 몇 개월이라도 해보기를 추천합니다. 개업하면 각종 비품 구매부터 등록 업무, 비용 처리, 마케팅 등을 혼자 다 해야 하는데 경험이 없으면, 아직 명함도 안 나오고 매물도 하나도 없는데 구경하러 방문하는 손님 때문에 1차 정신없고, 주변에 가격이 어떻게 되는지, 동네 이름도, 시세도 모르는데 손님들은 자꾸 좋은 물건 있으면 알려달라는 소리만 하고, 마음만 붕 떠서 실속 있는 업무를 못 하게 돼요. 그렇게 헛손질하는 시간이 길어지고, 그러다 보면 허둥지둥하다가 자신감만 떨어지고 돈은 돈대로 나가고 시간만 갈 수 있기 때문에 그런 사전 준비가 어느 정도 된 다음에 오픈하는 것을 추천해요.

물론 그래도 오픈하면 정신없지만, 초반 소위 '오픈빨'에 손님들과 주변 부동산 중개사무소에 제대로 명함을 내밀고 좋은 평으로 소문이 나기 시작하려면, 어느 정도 준비가 된 후에 시작하는 것이 중요한 것 같아요. 본인만 잘한다면, 개업 공인중개사가 되었을 때 소공일 때 나누던 중개보수를 100% 본인이 다 가져갈 수 있고, 또 말도 안 통하는 사장 밑에서 눈치 볼 일도 없고, 내 사업이니 더욱 애착심을 갖고 열심히 일할 수 있습니다. 또 어느 정도 자리 잡으면 직원들을 투입시켜서 레버리지 효과로 소공 때는 한계가 있었던 매출을 폭발적으로 증가시킬 수도 있죠.

2. 소공 = 소속 공인중개사

앞에서도 언급했지만, 저는 자격증을 취득했다면 개업 전에 소공 생활을 단 몇 개월이라도 하라고 추천하고 싶어요. 소공은 거래가 활발한 부동산 중개사무소에서 시작하시기를 추천해요. 저도 중개업을 시작하기 전에 유튜브에서 '소공할까? 개공할까?' 이런 주제의 영상들을 다 봤었는데요. 대부분의 영상에서 개공으로 있어야 배운다고 해서 개공으로 시작한 거였어요.

그렇다 보니 제대로 된 소공 생활 없이, 경험치 0인 상태에서 시작해서 정말 힘들었어요. 다시 처음으로 돌아간다면 저는 무조건 입주장 부동산 중개사무소나 규모가 제법 큰 활발한 중개사무소의 소공으로 들어가서 일을 배웠을 거예요. 저는 아이가 어려서 소공은 (돈을 받는 입장이다 보니) 정해진 출퇴근 시간을 지켜야 한다는 게 너무 부담이 되어서 처음부터 개공으로 시작했지만, 여건이 되시는 분들이라면 꼭 소공 생활을 3년 이내로 해보시기를 추천해드려요! 저도 예전에는 몰랐지만 찾아보면 아이가 어린 것을 감안해 이른 퇴근을 시켜주는 곳들도 있고, 이 부분은 취업이나 면접 볼 때 합의하기 나름이니 최대한 조건에 맞는 곳을 찾아보시기를 추천해요.

만일 일을 했는데 만족도가 높고 개공이 능력이 있는 곳이라면, 전 소공 생활 3년 정도가 가장 좋은 것 같아요. 내가 계약했던 손님의 계약기간이 끝나고 나가는 것도 보고 이런저런 경험을 해보려면 2년 이상은 봐야 해요. 그래서 3년 정도 한군데에서 잘하면 실력이 굉장히 느는 것 같아요. 하지만 개인 사업자의 영역인 지역 중개사무소는 그 분위기가 천차만별이에요. 여기는 정말 배울 것이 없다 싶으면 빨리 다른 곳으로 옮기는 것이 좋습니다.

소공으로 있을 때는 '내가 개공이다'라는 마인드로 예행 연습을 한다 생각하고 일하는 게 가장 좋습니다. '진짜 내 사업장이다', '내 가게다' 라고 생각하고 개공보다 더 개공처럼 열심히 일하는 소공이라면, 개공이 붙잡고 싶어서라도 페이를 올려주어 지속될 수도 있고, 어떤 경우는 그 부동산 중개사무소를 소공이 아예 인수하게 되는 경우도 있어요. 나중에 나갈 때도 박수받고 응원받으면서 퇴사할 수 있고요.

Q 소공 취업 시 피해야 하는 사무소 VS 추천하는 사무소

우선 소공 취업 시 피해야 하는 중개사무소는 부부 또는 가족이 하는 부동산 중개사무소입니다. 이런 곳은 가게 되면 모셔야 하는 상사의 수가 많아져서 피곤한 편이에요. 저도 할아버지와 같이 부동산 중개사무소를 했었고, 주변에 부부나 가족이 중개사무소를 운영하시는 분들을 정말 많이 알고 그분들을 다 좋아하지만, 직원으로 들어가는 것만 따져본다면 장점보다 단점이 많은 게 사실입니다.

우리가 회사에 들어갔는데 사장님도 나와 있고, 사모님(와이프)까지 나와 있으면 업무를 떠나 굉장히 피곤하잖아요? 그리고 둘이 싸웠으면 그 냉랭한 기운에 쓸데없이 눈치 보게 되고요. 부모와 자식과 같은 가족도 마찬가지입니다. 그 둘은 서로 편하기에 말을 편하게 하고 감정표현도 하지만, 그 가운데서 생판 남인 직원은 에너지 소모가 클 수 있어요.

그냥 개업 공인중개사인 대표자가 1명 있고, 그 아래 직원들이 2~5명 정도 있는 부동산 중개사무소가 가장 배울 점도 많고 서로 자극도 되는 것 같아요. 또 이 정도 직원 수면 어느 정도 체계가 잡혀 있어 유지·관리가 된다는 간접증거이기도 해서 대표 1명에 직원이 2~5명인 사무소를 추천해드려요.

지역 부동산 중개사무소임에도 불구하고 중개법인으로 10명 내외의 직원이 등록된 큰 규모의 부동산 중개사무소도 있는데, 이런 곳도 배우기에는 괜찮은 것 같아요. 일반적으로 대표가 영업력이 굉장히 좋은 부동산 중개사무소일 확률도 높고 제 주변에 그렇게 직원을 많이 두고 중개법인으로 계신 대표님들을 보면 진짜 배울 점이 많고 계약을 많이 하시더라고요.

사람 성격이 다 다르고 나와 맞는지, 아닌지는 부딪혀보고 본인이 느끼는 것이 정답이기에 괜찮다 싶으면 일단 해보시고, 아니다 싶으면 나오시는 것도 소공의 장점이니 여기저기 면접을 보면서 생각해보세요. 다만 어느 부동산 중개사무소에 취업하든 경계해야 할 것은 개공이 하나부터 열까지 일을 가르쳐줄 것이라는 기대는 절대 하지 마세요.

일단 그렇게 누군가를 체계적으로 가르쳐줄 만한 실력 있는 개공들이 많지 않아요. 그리고 있다 한들 소공으로 일하다가 어느 정도 배우고 경험을 쌓으면 나가서 사무실 차릴 것을 개공들도 다 알고 있거든요. 일손이 부족해 공인중개사 자격증이 있는 직원을 뽑았지만, 다 가르쳐주면 나가서 미래의 경쟁자가 될지 모르는데 하나부터 열까지 다 가르쳐줄 거라는 기대는 욕심입니다(그럼에도 그런 개공이 있다면 정말 열심히 일해줘야겠죠!).

그냥 눈치껏 배우는 거고 개인적으로 돈 들여 시간 들여 배우는 것입니다. 장사는 호락호락하지 않아요. 개공의 지붕 아래 있을 때는 돈 받으면서 개공 연습할 수 있다는 그 하나만으로도 감사한 마음을 가져야 나중에 괜한 서운함과 스트레스받을 일이 없어요. 실제로 소공으로 들어가신 분들이 만족하면 개공을 안 해요. 그냥 거기서 쭉 소공하지, 안 나와요. 열이면 아홉은 다 더럽고 치사해서 나오고, 정산 문제, 직원 간, 상하 간에 트러블 생겨 스트레스받고 나옵니다.

기본급이 많은 곳은 영업보다는 사무적인 제반업무를 많이 할 가능성이 커요. 그렇기 때문에 당장의 급여보다는 경험을 많이 쌓고자 한다면, 기본급은 적어도 비율이 높은 곳을 택하는 게 좋아요. 본인이 절박해서 자연스레 더 열심히 하게 됩니다. 기본급은 0~300만 원까지 다양하고, 계약 성사 시 수수료 분배 비율도 소공 : 개공 = 5 : 5, 7 : 3, 2 : 8 등 다양해요. 당연히 기본급이 높으면 수수료 비율은 낮을 거고, 기본급이 없거나 적으면 수수료로 가져갈 수 있는 비용은 높겠죠!

광고비 역시 정말 많이 들어가는 지출항목 중 하나인데요. 광고비의 한계는 없기 때문에 광고비 지원을 해주는 사무소인지, 아닌지도 중요해요. 네이버 등의 기본적인 플랫폼에 들어가는 광고비는 지원해주는 곳이 좋겠죠. 직원을 둔 많은 중개사무소 사장님들이 광고비에 굉장히 인색합니다. 경기가 좋을 때는 광고에도 열심히 투자하지만, 경기가 안 좋으면 아무래도 부담이 되는 게 사실입니다. 하지만 광고 효과는 해본 사람만이 알아요. 광고로 100만 원을 썼으면 500만 원 이상의 매출을 일으킨다는 것은 해본 사람만 압니다. 알면서도 막상 돈 앞에서 주저하게 되죠. 제가 아는 소공 중 본인의 사장이 광고비에 너무 인색해서 자비로 광고 플랫폼 가입해서 계약을 끌어낸 경우도 봤어요. 그분은 결국 '이럴 거면 내가 개공하지' 하면서 나와서 현재 부동산 중개사무소 운영을 아주 잘 하고 계세요.

소공으로 취업하셨어도 블로그는 무조건 하시라고 두 번, 세 번 추천해드립니다. 간혹 개공이 블로그를 하지 말라고 하는 (저로서는 이해 안 가는) 곳도 있기는 한데요. 아마 블로그 할 시간에 일하라는 것 같긴 한데…, 우리 입장에서는 블로그가 곧 일입니다. 매물 광고도 잘하는 곳들을 벤치마킹하셔서 매물 광고도 하시고, 소공일 때는 무엇보다 공부를 위해 부동산 정보들을 공부하고 포스팅하며 내 것으로 만드는 과정이 중요합니다. 중개 일기 등도 내가 한 일들을 정리하고 고객으로 하여금 신뢰를 쌓기에 좋습니다.

부동산 정보를 올리면서 중개사무소가 아니라 '나 자신'을 브랜딩하는 것도 굉장히 중요합니다. 제가 필명을 '집사임당'으로 잡고 활동하는 것처럼, 제가 다른 지역으로 옮기거나 다른 사무실로 가더라도 제 브랜딩은 가지고 가는 것이기 때문에 부동산 정보나 정책자료를 올리면서 본인도 공부하고, 블로그도 키우는 것은 실력 향상에 큰 도움이 됩니다.

3. 합동 사무소

현재 저는 합동 사무소에 있어요. 앞에서도 설명했지만 '합동 사무소' 라는 것은 한 사무실에 여러 명의 개업 공인중개사가 본인 사업자를 걸 고 중개사무소 개설등록을 한 것을 말해요. 건물주(임대인)의 동의가 있 어야 하고, 일정 크기의 면적을 개업 공인중개사 본인이 직접 단독으로 사용할 수 있어야 중개사무소 개설등록이 가능하답니다(개설등록 시 구청에 서 실사 나옵니다).

상업용 부동산을 전문으로 하는 분 중 2층 이상의 소형 사무실이나 합동 사무실로 개업하시는 분들이 점점 늘어나는 추세입니다. 특히 강 남·여의도·마포 등 땅값이 비싸 임대료가 비싼 동네는 합동 사무소 자 리가 종종 나오지만, 다른 지역은 하고 싶어도 잘 안 나와요. 합동 사무 소는 처음부터 여러 명이 합동 사무실로 쓰는 경우도 있고, 1명이 중개 사무소를 운영하다가 임대료를 감당하기 부담되어서 같이 사무실을 쓸 합동 사무실 개공을 구하기도 합니다.

(1) 합동 사무소의 장점

일단 임대료 및 관리비 등에 대한 부담을 공동으로 지기 때문에 고정 비용 부담이 적다는 점이 가장 큰 장점이에요. 또 혼자서 사무소를 운영 할 때는 내가 외근이 있거나 개인 사정이 있어 사무실을 지키지 못했을 때 손님을 놓칠 수도 있는데, 합동 사무실로 있으면 외근 중 사무실에 남은 다른 중개사에게 손님을 대신 부탁을 할 수 있다는 장점이 있어요. 물론 이 부분에 대한 수수료 셰어는 협의해야 하겠죠. 또, 간혹 사무실로 들어온 매물을 무조건 공유하는 경우도 있는데, 이 부분은 매물 확보 측면에서는 장점이에요.

(2) 합동 사무소의 단점

합동 사무실에서 부동산을 운영하다 보면 매물이나 손님이 겹치게 되는 경우가 종종 있어요. 예를 들어, A와 B가 한 사무실을 쓰다가 A에게 매물이 접수되어 B에게 공유했는데, 몇 분 뒤 혹은 며칠 뒤 B에게 직접 다시 나오는 경우가 있어요(만약 계약 시 내 물건이냐, 네 물건이냐에 따라 수수료 차이가 2배가 나기 때문에 분쟁이 생길 수 있어요. 시간차가 있지만 나한테도 직접 들어온 물건이다 보니 욕심이 나거든요).

또, A와 B에게 동시에 매물이 나올 때가 있기도 하고, 손님이 겹치거나 워킹 손님은 누구 손님으로 볼 것인지 등의 문제가 있어요. 합동 사무실로 개업하는 경우, 사무소마다 조건이 다 다르기 때문에 분쟁이 생길 만한 것은 미리 비율 등을 협의해놓고 정해놓는 게 좋은 것 같아요! 어찌 보면 적과의 동침인 꼴이라 잘못하다가는 서로 감정 상할 일이 생길 수 있어 굉장히 디테일하게 미리 규정을 정하고, 서로 매너 있게 상도덕을 지켜줘야 해요.

강남을 포함한 오피스 상권 지역의 경우, 워낙 임대료가 비싸서 1층 합동 사무소에서는 6~7명이 합동으로 쓰는 사무실들도 꽤 많은 편이에요. 합동 사무소는 임대료에 대한 부담이 적어 가벼운 마음으로 시작할 수 있지만, 밖에 간판이 내 사무소명과 다르거나 아예 없는 경우도 많아서 그만큼 주변 경쟁사들에게 묻힐 수 있어요. 그렇기 때문에 블로그, 유튜브, 파워링크 등 온라인 광고에 돈과 시간을 쏟아서 오프라인에서는 눈에 안 띄어도 온라인에서는 단연 돋보이는 수준으로 올라서야 그 것을 보고 나에게도 매물이 접수되고, 그 매물로 손님을 모시는 선순환 구조가 나옵니다. 임대료를 아끼는 만큼 광고에 많이 투자해야 한다고 생각하시면 됩니다.

(출처 : 한국공인중개사협회)

개업 공인중개사사무소 창업자리, 소속 공인중개사 구인광고, 합동 사무소 구인광고 모두 한국공인중개사협회(http://www.kar.or.kr/) 홈페이지 에서 볼 수 있어요. 대형 중개 법인이 아닌 이상 대부분의 부동산 중개 사무소가 개인 사업자이기 때문에 개성과 조건, 업무지원 상황이 전부 다 달라요.

개공으로 창업할 부동산 중개사무소 자리든, 소공일 때 조건이든, 합 동 사무소 조건이든 하나부터 열까지 다 달라서 커뮤니티에서 하나하 나 보고 본인의 상황과 적합한 쪽을 선택해 고민하기보다는 일단 찾아 가서 면접도 보시고, 이야기도 들어보시는 것을 추천합니다.

공인중개사협회 회원가입이 안 되어 있어도 구인·구직 내용을 다 볼 수 있어요!

(출처 : 한국공인중개사협회)

합동 사무소나 소공 자리는 건너 건너 아는 사람끼리 공유해서 나오기도 하는데, 처음 시작할 때는 인맥이 없다 보니 그런 자리까지 욕심낼 수는 없고 공인중개사협회 사이트, 부공배(부동산공인중개사배움터) 등의 대규모 공인중개사 커뮤니티에서 확인하시는 게 가장 좋아요(사람인 등의 취업 사이트에서도 나오긴 해요. 모두 체크해보세요).

또한, 최근에 아주 드물게 생겨나는 합동 사무소 형태가 있는데, 이것은 정말 아는 사람만 아는(?) 형태라 간단하게 소개해볼게요. '나는 진짜 온라인으로만 승부 볼 생각이다!' 또는 '일단 개업해서 사업자만 올려놓고 이것저것 시도해보고 싶은데 사무실을 개업하는 것은 너무 부담된다' 싶은 사람들은 '공유오피스'에 개설등록을 할 수 있답니다. 저도 예전에 상업용 부동산이 모여 있는 서울시 마포구 서교동(합정) 지역에 공유오피스 자리를 알아본 적이 있었는데, 만실이라서 대기를 걸어야 할 정도로 인기가 많았어요.

공유오피스는 1~2년의 계약이 아닌, 월 단위로 저렴한 비용(20~30만 원)을 내고 이용하는 요즘 인기 많은 사무실의 한 종류예요. 지정석이냐, 자유석이냐에 따라 상주, 비상주로 나뉘어요. '비상주'(저렴하고 개인 지정석은 따로 없는) 자리는 공유 오피스 주소지에 사업자등록을 해놓고 아무 데서나 일하는 개인 사업자를 위한 옵션이고, 1인실 또는 2인실로 지정석이 있는 '상주' 옵션은 방에 책상 하나 들어갈 정도의 개인 전용 공간이 있고, 비상주보다는 더 비싼 1~2평 정도 사이즈의 공간이에요.

공인중개사사무소는 '개설등록'해야 하는 업종이라 구청에 등록 신청을 하면, 구청에서 직접 실사를 나와 확인 후에 개설등록증을 발급해주는데요(실사를 생략하는 경우도 있음). 공유 오피스에 개설등록하는 경우에는 반드시 개인 전용 공간이 있는 '상주'(지정석) 형태의 자리를 확보해야 개설등록이 된답니다. 개인적으로 오래 할 만한 형태의 중개사무소는 아니고, 원하는 지역에 마땅한 사무소 자리를 못 찾았을 때는 임시로 할 만한 것 같아요.

4. 중개법인

처음부터 중개법인으로 시작하는 경우도 있지만, 개인 사업자로 공인중개업을 하다가 사업이 점점 확장하면서 세제 혜택을 위해 법인 설립을 하는 경우도 많이 있어요. 중개법인을 설립하기 위해서는 최소 5,000만 원 이상의 자본금이 필수이며, 대표는 공인중개사여야 하고, 대표를 제외한 임원 또는 사원의 1/3은 공인중개사 자격증을 소지해야 하는 등의 자격 조건이 있어요. 중개법인은 중개업을 주 사업으로 하긴 하지만, 상업용 건축물 및 주택 임대관리, 부동산 관리 대행업, 개발 관련 상담업 등의 목적을 추가로 설정하는 것이 보통이에요.

지역에도 중개법인들이 있기는 하지만, 그런 곳들은 사실 개인 사업자가 하는 형태에서 크게 벗어나지는 않는 것 같아요. 매출이 커지면 개인에서 법인으로 전환하는 정도죠. 강남권의 대형 중개법인은 보통 빌딩 매매, 빌딩 통임대, 고급주택 매매 등을 주력으로 중개하는 경우가 일반적이에요. 중개뿐만 아니라 부동산 컨설팅을 같이하며 임대관리를 전속으로 도맡아 하기도 합니다. 회사 내 팀이 많아서 팀끼리만 공동중개를 하는 곳도 있고, 최소 얼마 이상 수익이 떨어지겠다 싶으면 딜(deal)에 참여하는 중개법인도 있어요. 법인마다 성격이 정말 다른 것 같아요. 어느 시대에나 돈 되는 시장은 경쟁이 치열하기 마련이지요. 중개법인도 내부적으로나 외부적으로나 정말 치열합니다.

법인의 말단 사원으로 들어가면 초반에는 매물을 따와서 팀장에게 주는 것이 주 업무인데, 힘든 것에 비해 소득이 너무 적어 나가 떨어지는(?) 경우가 많다고 해요. 또 경쟁이 너무 치열해서 온갖 힘든 꼴은 다 본다는 이야기도 자주 들어봤습니다(이것은 경쟁이 치열한 곳은 다 마찬가지겠지만요). 그래도 그 인고의 시간을 보낸 뒤 시장에서 살아남아 팀장이 되고 나면, 그때부터는 개인 사업자가 직원을 두고 중개사무소를 운영하듯

중개법인 팀장들도 팀원들을 뽑아 팀을 꾸려나갑니다. 다루는 중개대상물의 규모가 크다 보니 건당 보수도 크고, 팀장급 이상이 가져가는 수익 비율도 높아져 수입 면에서도 괜찮다고 합니다.[*]

요즘에는 내부적으로 신입 교육 프로그램이 갖춰져 있는 중개법인들이 많이 있어요. 또 중개 선수들이 일선에서 뛰는 것을 보며 동기부여도 되고 배울점도 많다고 생각합니다. 강남권의 중개법인만큼 거시적인 관점으로 부동산 시장을 볼 수 있는 곳이 많지 않기 때문에 이런저런 이유로 회사를 옮겨 다닐 수는 있어도 한번 법인에 들어간 중개사분들은 대부분 계속 법인에서 돌고 도는 것 같아요.

강남의 중개법인에 대해 좀 더 알고싶은 분들은 《연봉 10억 공인중개사의 영업비밀》을 참고하시면 도움이 되실 것 같아요. 노창희 대표님이 쓰신 책인데, 저는 수험서 공부하듯 밑줄 치면서 읽었답니다. 중개법인이 아니어도 상업용 부동산 임대 위주의 중개하시는 분들은 필독하시면 좋을 것 같아요.

빌딩 매매처럼 규모가 큰 거래는 시장에 물건이 풀리지 않고 정말 조용하게 진행되는 경우가 많아요. 일단 그 정도 규모를 사고팔고 하는 자산가나 기업이라면 본인의 부동산 거래가 소문나는 것을 좋아하지도

[*]참고로 보통 중개법인에서 대부분 팀장이 팀원을 직접 뽑는데, 팀장들은 30대 분들이 많아요. 팀원을 뽑을 때는 일반 회사와 마찬가지로 본인보다 어린 사람들을 뽑는 경우가 많고, 남자 팀장님이라면 야근시키기 좋고 데리고 다니기 좋은 남자 팀원을 많이 뽑는 편인 것 같아요. 물론 남자들보다도 더 잘하고 야무진 여자 팀장들도 많습니다.

않을뿐더러 중개사들도 자신의 손님이 풀리고, 매물이 풀리는 것을 원치 않아 합니다. 이 때문에 광고도 올리지 않고 서로서로 인맥을 통해서 찾거나 B2B로 법인끼리 교류하며 조건이 부합하면 계약을 하는 경우가 많아요. 그래서 건물 매매를 많이 중개하신 분들의 표현을 빌리자면 '계약이 되려고 하면 오피스텔 월세 계약보다 쉽다'라는 말을 하기도 해요.

강남 법인들 중 매출 순위가 높은 유명한 중개법인을 몇 곳 소개하자면, JS 서초, KS, 원빌딩, CS 서초, 제네시스, BSN, 두바이, 렉스, 알파카, 리얼티코리아 등이 있어요. 이 중 몇군데는 유튜브에서도 어느 정도 구독자가 있어서 유명세가 더해졌죠.

개인적으로 '언니네 복덕방(@building_unni)'이라는 유튜브 채널도 재미있게 보고 있어요. 빌딩매매 전문 중개법인에서 근무하시는 미모의 여성 팀장님이 운영하는 채널인데, 어떤 일을 하는지, 어떤 시스템인지 들여다볼 수 있어 흥미롭습니다.

부동산 중개업계 상도덕
- 이렇게 하면 안 돼요!

　자유경쟁 시장에서 법을 어기지 않으면야 누가 뭘 하든 개인의 자유죠. 하지만 길게 봤을 때 적을 두지 않는 것만큼 현명한 일도 없어요. 그런 의미로 동종 업계에서의 상도덕은 굉장히 중요한 덕목입니다. 단순히 도덕적이고 양심적인 문제를 논하는 것 이상으로 중개사무소를 운영하는 데에도 직접적인 영향을 미칠 수 있어요. 부동산 중개업을 하다 보면 공동중개를 하게 되는 경우가 굉장히 많아요. 이때 서로 신뢰가 바탕이 되어야 원활하게 물건지 주소도 오픈하고, 때에 따라 손님만 보내기도 하는 등 효율적으로 일이 진행됩니다. 그런데 여기에 상대 중개사무소에 대한 의심이 생기면 쉽게 갈 수 있는 길을 어렵게 가거나 못 가게 될 수도 있어요. 당장 눈앞의 욕심 때문에, 혹은 정말 몰라서 중개사무소 간 신뢰를 잃는 행동을 하면 안 되겠죠.

　"부동산(중개사무소)의 적도 부동산이고, 부동산의 손님도 부동산이다"라는 말이 있어요. 잘 지내면 동료가 되지만, 적이 되면 작은 실수도 타 중개사무소에서 잡아내서 신고해 과태료가 나옵니다. 알고도 하는 거야 제가 말릴 수는 없지만, 공동중개로 처음 뵙는 중개사분들 중에는 정말 몰라서 매너를 지키지 못하는 분들도 많아 소개해보고자 합니다. 초보 시절 많이 하는 실수와 중요한 중개업 상도덕 몇 가지를 소개할게요.

1. 처음부터 중개사무소인지 밝히지 않는 것

부동산 중개사무소를 처음 개업하면 보통 매물이 많이 없어요. 그래서 손님이 오면 다른 중개사무소에서 올려놓은(on 공동중개망이나 네이버 부동산) 매물들을 보면서 그 사무소에 전화해서 물건 정보를 얻습니다. 그런데 이때 전화를 걸어 "○○○부동산(공인중개사)인데요"라고 먼저 밝히지 않고 "광고 보고 전화를 드렸는데 매물 나갔나요?"로 시작해서 고객마냥 물건 정보를 물어보는 경우가 있어요.

물론 악의 없이 물건이 살아 있는지, 혹은 내가 찾고자 하는 적합한 매물이 맞을지 확인차 전화한 것일 수도 있지만, 정말 손님으로서 중개보수를 다 낼 것이 아니라면 처음부터 '○○○부동산(공인중개사)'라고 밝히는 것이 매너입니다. 입장 바꿔 생각해보면 손님이라고 생각해 물건에 대해 열심히 브리핑했는데, 손님이 아닌 타 중개사무소인 것을 알면 굉장히 언짢습니다. 처음부터 공동중개가 가능한지 물어보고 진행하는 것과 손님이라 생각하고 일했는데 아닌 것은 큰 차이가 있어요. 이것도 어찌 보면 수입과 관련된 문제이기 때문에 더 예민한 거죠. 공동중개와 양타는 중개보수가 2배 차이입니다.* 그리고 때에 따라 공동중개를 하

*양타 : 임대인, 임차인(또는 매도인, 매수인) 양쪽에서 중개 보수를 받게 되는 상황

지 않을 수도 있어요. 그러니 처음 전화를 하게 되면 꼭 '중개사무소'라는 것을 밝히고 문의해주세요.

2. 뒷빡

뒷빡은 부동산 중개업계에서 쓰는 은어인데, 소위 '뒤통수친다'라는 의미예요. 중개사들이 하는 경우도 있고, 손님이 하는 경우도 있어요. 당연히 하지 말아야 하는 행동이지만, 주거용보다는 상가 중개 시 많이 일어나곤 합니다. 예를 들면, 상가 매물 접수가 들어와서 광고를 올리고 손님 콜이 와서 그 상가를 보여드렸는데, 나중에 그 손님이 직접 상가로 찾아가서 기존 임차인과 권리금 협상을 하고, 임대인과 직접 계약을 하는 경우가 있어요. 정말 화가 나지만, 이런 경우는 잡아내기가 쉽지 않습니다.

중개사무소에서 뒷빡을 치는 경우도 비슷합니다. 예를 들어, 과일가게를 할 만한 상가를 찾는 손님이 있는데, 저에게는 마땅한 매물이 없어 다른 중개사무소에 올라온 매물들을 살펴봤다고 할게요. 그 물건 광고를 올린 중개사님께 손님에게 브리핑하기 전에 미리 한번 보겠다고 물건 주소를 알려주실 수 있는지 요청합니다. 일반적으로는 주소를 오픈해줘요(여러 번 뒤통수 맞은 경험이 있으면 이조차도 안 해줍니다).
주소를 알게 된 나쁜 공인중개사는 상가로 찾아가 기존 임차인에게 권리금을 잘 받아주겠다고 이야기하며 임대인 연락처를 파악해서 물건을 땁니다. 그리고 손님이 있으면 양타를 칩니다. 물건을 오픈해준 중개사 입장에서는 정말 화나는 일이죠. 하지만 이 바닥은 좁아서 소문이 금방 나요. 조금만 수소문해보면 어디서 계약했는지 바로 알게 되고, 내가 물건을 오픈해준 중개사무소에서 계약했다는 사실을 알게 되면 싸움이 나는 것은 둘째치고 그 지역 중개사무소들 사이에서 왕따를 당할 수도 있습니다.

상도덕에 위배되는 행동들은 거래 금액이 크면 클수록 심한 것 같아요. 공동중개냐, 양타냐에 따라 중개보수 차이가 많이 나기도 하고, 또 쉽게 내부로 들어가 임차인을 직접 만날 수 있는 상가의 경우, 특히 이런 일이 비일비재합니다.

또 직원이 뒷빵을 치는 경우도 있어요. 직원이 사장님(개공)에게 물건을 받아 광고를 올려 손님을 붙였는데 본인 사무소에서 계약하게 되면 가져갈 수 있는 수수료 비율이 적다고 판단되어 다른 중개사무소 사장님에게 부탁해 수수료 좀 떼줄 테니 그 사무소에서 계약하고 수수료를 달라고 하는 거예요. 부탁한 직원이나 부탁을 들어준 개공이나 도긴개긴입니다. 나중에 손님이 문의할 일이 있어서 맨 처음 의뢰한 중개사무소 대표번호로 연락하게 되면 당연히 걸릴 일이고, 그렇게 자꾸 비밀을 만들면서 중개하면 중개의 질도 현저히 떨어집니다. 이런 일은 제발 없었으면 좋겠습니다.

3. 연락도 없이 시간 약속 안 지키는 것 & 노쇼

보통 손님 측 공인중개사가 자주 하는 실수입니다. 공동중개로 다른 중개사와 약속을 잡다 보면 당일에 잡는 경우도 있지만, "이번 주말 몇 시, 또는 다음 주 언제 보러 갈게요" 하며 미리 약속을 잡게 되는 경우도 있어요. 이럴 때 약속을 했으면 물건지 공인중개사는 기다립니다. 그런데 갑자기 손님이 늦거나 노쇼를 하는 경우가 생겨요. 이럴 때 손님 측 공인중개사는 물건지 중개사무소에 전화해서 '이러이러해서 못 가게 되었다'든지 '시간이 변경될 것 같은데 괜찮은지' 연락해줘야 하는데 같이 잊어버리고 안 하는 경우가 있어요.

또한 공동중개로 매물을 여러 개 보다 보면 시간이 지연되어서 늦는 경우도 있어요. 손님과 함께 있다 보면 이것저것 체크하느라 정신이 없어서 시간이 많이 흐른지도 모르고 약속 시간을 넘겨버리기도 하지요. 차라리 늦게라도 오면 다행이지만 중간에 손님과 대화하다가 이 물건은 적합하지 않아 패스하기로 한 경우, 물건지 중개사무소 입장에서는 굉장히 곤란할 수 있어요. 예를 들어 보여주기로 한 집에 세입자가 살고 있어서 미리 시간 약속을 잡아놨다면, 그 세입자분도 약속을 나가지 않고 기다리고 있었을 수도 있는데, 안 온다고 하면 온갖 불평과 짜증은 물건지 중개사무소 사장님 몫이 되는 거예요.

물론 손님이 원인이 되어 일어나는 상황은 물건지 공인중개사들도 다 이해해줍니다. 손님이 안 와서 못 보게 된 경우나 아니면 손님과 직접 만나 이야기를 하다 보니 그 물건은 맞지 않는 것 같아 패스하고 다른 것을 보게 되는 경우, 본인들도 자주 겪는 일이니 그럴 수 있다고 이해합니다. 다만, 그럼에도 불구하고 본인 손님만 챙길 것이 아니라 상대 공인중개사도 기다릴 것을 인지하고 신경 써서 문자라도 보내는 등 배려를 해야 합니다. 특히나 저녁 퇴근 시간쯤에 잡힌 공동중개 약속은 꼭 더 주의해주세요. 퇴근도 못 하고 기다리다가 당하는 일방적인 노쇼는 굉장히 괘씸합니다. 저녁 시간 공동중개 약속은 손님에게 미리 연락해서 취소되거나 약속시간이 늦춰지지는 않는지 미리 확인하고, 언질을 주는 것이 상대 중개사를 배려하는 매너입니다.

4. 상대측의 의뢰인에게 연락하거나 명함을 주는 일

공동중개를 하게 되면 매물 확인차 동행하느라 상대 중개사무소 손님(의뢰인)과 만나게 됩니다. 이때 자신을 소개하며 본인 명함을 주는 것은 비매너 행동입니다. '이게 왜?'라고 생각할 수도 있어요. 저도 처음에 실수했으니까요. 그런데 상식적으로 입장을 바꿔 생각해보면 간단합니다. 나는 물건지 중개사이고 다른 중개사가 손님을 모셔왔는데 내가 그 손님에게 명함을 줘버리면 그 손님은 나에게 직접 연락할 수도 있습니다. 손님의 행동은 우리가 어찌할 수 없어요. 그런데 손님 측 중개사 입장에서는 본인이 데려왔는데 내가 명함을 줘버리면 본인을 쏙 빼고 둘이 계약하는 것 아닌가 하는 의심을 키울 수 있고, '내 손님인데 왜 연락처를 주지?' 싶어 불쾌할 수 있어요. 공동중개라면 모든 진행 사항은 양측 중개사가 서로 공유하며 함께 진행해야 합니다.

간혹 상대 공인중개사의 일 처리가 답답해 상대의 의뢰인에게 직접 말하고 싶을 때가 있습니다. 특히나 알고 보니 나한테도 그 소유자의 연락처가 있다든지 하는 경우에는 더 그래요. 하지만 이런 경우도 그 매물이 나온 것을 인지하지 못한 내 잘못이고, 상대 공인중개사에게 받은 매물이라면 내가 그 소유자를 알았더라도 공동중개로 가야 합니다. 또한 공동중개로 계약 시 보통 물건지 중개사무소에서 계약서 및 각종 서류를 준비하는데, 내 손님이 아닌 상대방의 손님 파일에 내 명함을 꽂는 행동도 하면 안 됩니다.

간혹 손님이 나에게 "어디 부동산 중개사무소에서 오셨어요? 명함 하나만 주세요" 하실 수도 있어요. 이럴 때는 "계약 관련 문의는 기존 중개사분께 이야기하시면 됩니다" 하시면 되고, 만에 하나 명함을 드려야 하는 분위기라면 양해를 구하고 드리되 어느 정도 시간이 지나기 전에는 따로 연락은 안 하시는 것을 추천해드려요. 공동중개 매너는 입장을 바꿔서 나였으면 기분 나쁠 만한 행동을 안 하면 됩니다.

5. 다른 중개사무소를 통해 매물을 본 손님과 그 매물을 계약하는 것

손님도, 공인중개사도 사람이다 보니 서로의 궁합이나 스타일이 안 맞을 때가 있어요. 특히나 손님 입장에서는 중개사와 함께 매물을 봤는데 불친절하다고 느꼈다든지, 불안하다고 느껴서 매물은 마음에 들었으나 그 매물을 보여준 중개사와 계약하기 싫어지는 경우가 있어요. 저도 손님과 대화를 나누다가 "사실 이 매물을 다른 데서 봤는데 그냥 중개사님과 계약하면 안 되나요?" 하는 이야기를 들은 적이 몇 번 있어요.

이럴 때는 사실 흔들리긴 합니다. 하지만 모르면 몰랐지, 이미 다른 곳에서 매물을 봤다고 하면 저는 그냥 매물을 보여준 중개사분과 계약하시는 것을 권합니다(트러블이 생겨 저한테 다시 오셔서 계약을 해드린 적도 있으나 이런 계약은 해도 맘이 편치 않습니다). 중개사들은 본인이 매물을 보여준 손님이 계약하는지, 안 하는지, 그리고 나한테 나왔던 매물이 나갔는지, 누가 했는지 항상 예의 주시하기 때문에 알려면 알 수 있습니다. 돈은 잃어도 사람을 잃지 않아야 오래 일할 수 있습니다.

부동산 중개사무소를 운영할 때는 적을 두지 않는 것이 굉장히 중요합니다. 쓸데없는 시시비비는 피하고 책잡힐 일, 상대가 기분 나쁠 일은 하지 않는 게 현명합니다. '혼자 가면 빨리 가지만 함께 가면 멀리 간다'라는 말이 있지요. 한 지역에서 중개사무소를 운영하는 이상 다른 중개사무소가 개입된 중개를 할 때는 조금 더 신중하게 일하는 것이 좋습니다. 그 외에도 사소한 에티켓들이 있지만, 중개 매너의 기본은 '입장 바꿔 생각했을 때 기분이 나쁜지 아닌지'로 판단하면 됩니다.

반대로 내가 당하는 경우도 있어요. 이럴 때 대응 방식은 사람의 성격마다 차이가 있는 것 같아요. 끝까지 추궁해서 상대 중개사무소에 중개보수를 받아내는 경우도 있고, 주변에 소문을 쫙 내서 그 중개사를 따돌리는 분들도 있어요. 물론 얼마나 화가 나면 그럴까 이해 가는 면도 있지만, 저는 성격상 말싸움을 잘하는 편이 아니라서 그냥 빨리 잊으려고 노력하는 편입니다(물론 아직까지는 당한 적이 별로 없어 이런 이야기를 할 수 있는 것이기도 해요).

대신 한번 신뢰를 잃은 부동산 중개사무소와는 거래할 생각을 하지 않아요. 그만큼 중개업에서 신뢰는 중요한 가치입니다. 큰돈이 오고 가는 것이니까요. 입장을 바꿔서 나라면 어떨지, 역지사지로 생각하면 어려울 것은 없습니다. 내가 조금 손해 본다는 마음가짐으로 일하면, 오히려 주변에서 많이 찾는 중개사가 될 거예요.

연령 및 성격별
추천 중개대상물

　다음의 내용은 제가 주관적으로 느꼈던 연령대별 적성일 뿐 절대 일반적이라고 할 수는 없습니다! 제가 온라인상으로는 500여 명, 오프라인상으로는 100여 명의 많은 20~80대 중개사분들을 만나보고 감히 생각해본 지극히 주관적인 추천이니 참고만 해주세요.

1. 20~30대

　'건물 매매, 사옥 임대 위주의 큰물에서 놀고 싶다!' 하시는 분들은 무조건 강남권 중개법인에 도전해보시라고 추천해드려요. 20대 후반에서 30대 초반은 중개법인에서 신입직원으로 선호하는 연령대이기도 하고 법인에서 실무를 익히기 딱 좋은 나이인 것 같아요. 앞에서도 잠깐 언급했지만 강남권 중개법인 팀장들이 대부분 30대 중후반인데, 보통 자신보다 나이가 어린 사람을 팀원으로 뽑기 때문에 20대 후반에서 30대 초반을 많이 뽑습니다.

워낙 중개업 선수들도 많고, 실력 있는 팀장 밑에서 배우면 무엇을 공부해야 하는지, 어떻게 손님들을 설득해야 하는지도 경험하고 익힐 수 있어요. 그리고 한자리에서 오랜 기간 부동산 중개사무소를 하지 않는 이상 막 개업한 초보에게 갑자기 대형 매물이 나올 확률은 낮아요. 부모님이나 지인이 중개업을 몇 년 이상 잘하셔서 같이하는 것이 아닌 이상 큰 물건을 접하는 것이 쉽지 않은데, 빌딩 매매 규모 이상의 중개를 하고 싶다 하시는 분들은 중개법인 규모의 회사에 들어가는 것을 추천합니다.

중개대상물 거래 규모를 떠나서도 1인이 하는 개인 사업자에 비하면 직원들의 규모가 어느 정도 있는 강남의 중개법인이 경험을 쌓는 데 비교적 체계적입니다. 물론 '비교적' 체계적일 뿐 여기서도 알아서 배우는 것이고, 본인 하기 나름입니다.

만약 '빌딩 중개에 대한 욕심은 없고 내 사업 내가 꾸리고 싶다!' 하시는 20~30대 분들이라면 아파트보다는 오피스텔이나 원·투룸, 상가 위주의 중개를 하시는 것을 추천하고 싶어요. 아파트 고객층은 대부분 30~50대 이상의 손님이 많아서 20대 대표 중개사가 핸들링하기에는 어려움이 있을 수 있어요. 물론 이것을 극복하고 똑똑하게 잘하면 오히려 반전 매력이 있을 수 있겠지만, 아파트 중개를 잘하시는 분들을 보면 대부분 40대 이상이 많아요. 그 연륜과 주부력(아이를 키우고 살림을 해봤기에 손님과 나눌 수 있는 공감 능력)이 장난 아닙니다. 엄청 쉬워 보여도 그 안에서 내공 없으면 못 버티는 게 아파트 중개예요. 40~50대 여성 중개사분들기 싸움도 장난 아니고요.

반면에 오피스텔이나 원·투룸 손님들의 연령은 대부분 20대이거나 30대 초반이기 때문에 비슷한 연령대의 중개사가 같이 집을 봐주고, 고민도 들어주고 동행해주면 부담도 적고 오히려 더 친근하게 느끼는 경향이 있어요. 상가 전문 젊은 중개사분들도 많은데요. 이분들은 꼭 운동화를 신고 다니시는 특징(?)이 있어요. 잘한다고 소문난 상가 전문 중개사분들은 그만큼 많이 걷고 명함 작업 및 상권 분석을 하면서 친목을 쌓으시더라고요. 오피스텔이나 원·투룸도 마찬가지예요. 깔끔한 세미정장에 스니커즈나 가벼운 런닝화를 신으면 깔끔하면서도 발이 편해서 기동력이 좋아요.

요즘은 20~30대의 젊은 중개사무소 소장님들도 많은 것 같아요. 제주변에 정말 주위에서 칭찬이 자자한 상가 전문 중개사분이 있으셨는데, 거의 한 달마다 운동화가 닳아 바꿀 정도로 걷고, 또 걸으면서 명함을 돌리고 물건을 파악하고 다니셨다고 합니다. 중개업을 오래 하신 고수들도 대단하다면서 고개를 절레절레하셨어요.

20~30대 분들 중 부모님이나 친척이 중개업을 이미 하셔서 그 밑에서 일을 시작하시는 거라면(개공으로든, 소공으로든) 사실 업종은 상관없는 것 같아요. 50~60대 분들은 입담과 사람을 다루는 능력이 좋으실 거고, 젊은 자녀 중개사분들은 블로그나 유튜브, 정보 전달, 인터넷 검색 등이 워낙 빨라서 서로 시너지 효과가 나는 경우를 많이 봤어요.

2. 40~50대 여성

개인적으로 이 연령의 여성 공인중개사분들은 아파트 중개에 최적화된 분들이 아닐까 생각합니다. 아파트를 매수하는 분들의 연령대는 평균 40대가 가장 많고 30대도 많아지는 추세예요. 그러다 보니 구매층의 연령대보다 조금 더 많거나 비슷한 경우인 40~50대 여성 공인중개사분들은 손님과의 공감대를 형성하는 데 확실히 이점이 있어요. 일단 주거용 부동산은 여성이라는 점 자체가 무기가 될 수 있어요. 아무래도 손님과 집을 보러 가는 경우에 주거 공간에는 남자보다 여자가 들어가는 것이 그 집에 살고 있는 사람(세입자 등)이나 동행하는 손님에게 위화감이 덜 하고 편안한 마음을 갖게 하기 때문이에요.

또 전문 투자자가 아닌 이상 실수요 손님이나 전월세 손님들의 결정권은 여자 쪽에 있는 경우가 많아요. 남자가 부동산에 관심이 있더라도 결국에는 "이 집 어때?" 하면서 여자한테 물어보고 결정하기 때문에 여자가 좋다 하면 계약까지 가는 거고, 어떤 점이 별로라고 하면 보류하게 되고 다른 데로 눈을 돌리는 경우가 많아요. 그렇다 보니 같은 여자 입장에서 "이 구조는 주방 동선이 편해서 좋다"든지 "남향이라 아이가 아픈 적이 없다"든지, "바로 앞에 마트가 있어 장 보기 편하다"든지 등등 여자이면서 주부이기 때문에 자연스럽게 나오는 말들이 손님이 신뢰하는 데 도움을 줄 수 있어요.

가격적인 측면으로 봤을 때는 A가 약간 우위지만 이상하게 끌리는 집은 B인 경우와 같은 애매한 상황에서 40~50대 여성 공인중개사와 부드러우면서도 인생 선배로서의 어떤 작은 조언이 손님에게 크게 와닿는 경우가 있기 때문이에요. 인간은 굉장히 이성적인 판단을 할 것 같지만, 결정적인 순간에는 감성적인 판단을 하는 동물이에요. 투자 손님들도 그 아줌마 특유의 살가움과 밀어붙이는 성격이 사람 혼을 쏙 빠지게 만들어서 계약하게 만드는 힘이 있는 것 같아요. 그런 여성 중개사님들이 내 물건 임대관리도 잘해주니까요.

3. 40~50대 남성

이 나이대의 남성분들은 상업용 부동산이 최적이 아닐까 생각합니다. 또는 오피스텔 전문 중개를 5~6년 이상 하신 후, 빌딩이나 시행부지 중개로 넘어가시는 분들도 종종 뵈었어요. 주거용과는 달리 상업용 부동산들은 대부분 크든, 작든 사업체의 대표나 직원을 상대해야 하는데 남자 대표나 임원, 직원들이 부동산을 알아보는 경우가 많아서 이 경우 말이 많고 김싱적으로 대하는 여성보다는 편하면서도 묵직하고 무게감 있는 40~50대 남성분들을 선호하는 경우가 많습니다(물론 사무실·지식산업센터 같은 업무용 부동산은 여자들도 굉장히 잘합니다. 꼼꼼하고 야무지고 또 친절하게 중개하는 편이기 때문에 상업용 중에서도 업무용 부동산은 여자분들이 더 잘하는 경우도 많이 봤어요).

특히 상가 중개를 하다 보면 유흥업소 등과 같이 임차인을 다루기 힘든 건들도 맡게 되는데, 이때는 여자 혼자 감당하기는 버거운 감이 있어서 상가 중개를 하시는 여사장님들을 보면 보통 프랜차이즈나 카페, 소형 상가 같은 라이트한 업종을 중개하는 경우가 많았고, 노래방, PC방,

유흥주점 등의 상가는 남자 사장님이 하시거나 여자 대표님 밑에 있는 남자 부장님이 맡는 경우가 일반적인 것 같아요(물론 전부는 아닙니다).

실제로 경력이 10년이 넘은 여자 대표님도 묵직한 건물이나 상가 중개를 할 때는 직접 들어온 매물임에도 불구하고, 주변의 친한 남자 소장님과 함께 중개하는 경우도 있어요. 혼자 핸들링하다가 클로징이 안 되는 것보다는 수수료를 셰어하더라도 계약하는 게 더 낫다는 생각으로 직접 매물이어도 같이하자고 이야기해서 경력 많은 상가 전문 부동산 남자 사장님께 핸들링을 맡기기도 합니다.

4. 60대

제 주변에 60대에 첫 중개를 시작하시는 분들은 대부분 금융권이나 중견기업 이상의 기업체에 근무하시면서 자기계발 차원에서 자격증을 따두셨다가 퇴사하고 시작하시는 분들이었어요. 그런 몇 분을 제외하고는 대부분의 60대 중개사분들은 자격증 없이 부동산을 오래 하시다가 자격증만 60대에 따신 경력자분일 수도 있어요.

만약 부동산 중개를 정말 안 해보신 분 중 60대에 개업하신 분이라면, 보통 사무실을 개업 해놓고 실무를 할 수 있는 여자 실장이나 남자 부장 등의 직원들을 뽑아서 운영하는 경우가 일반적인 것 같아요. 중개 실무 경험은 없어도 60대에 자격증을 따서 중개업을 시작하신 열정적이고 발전적인 분들이라면, 부동산 투자를 많이 해보셨다든지 이미 부동산에 관심이 많으신 분들이 보통일 거예요.

60대 정도 되시면 이미 자리를 잡아 계속하던 중개대상물의 중개업을 하시는 경우가 많고, 재개발·재건축 위주나 토지 중개 또는 경매 위주의 중개를 하시는 분들도 계셨어요.

여기서 질문 하나 하겠습니다. 3개월 차 60대 공인중개사와 3년 차 20대 공인중개사가 공동중개를 할 경우, 손님들은 누구를 더 경력자로 볼까요? 정답은 3개월 차 60대입니다. 그만큼 60대분들은 그 연배에서 나오는 여유와 지혜, 그 자체로 손님들에게 신뢰를 줄 수 있어요. 엄청난 강점입니다. 너무 어려 보여서 일부러 나이 들어 보이게 하는 공인중개사분들도 계실 정도니까요. 개인적으로 60대분들이라면 토지나 건물 위주의 중개를 하시면 잘 어울리시는 것 같아요.

다만, 요즘은 마케팅뿐만 아니라 계약서 작성까지 컴퓨터를 못 하면 중개업 자체를 하기 힘든 환경이다 보니 이 부분에서 어려움을 느끼시는 분들이 많아요. 그래도 열정적인 분들은 직원에게 배우기도 하고 유료 수업을 들어가면서도 열심히 하시더라고요. 참 존경스럽고 대단한 분들이 많습니다.

조심스럽게 제 주관적인 시각에서의 연령대별 추천 중개대상물을 이야기해봤는데요. 뚜렷한 목표나 자신 있는 분야가 있지 않은 이상 내가 어떤 중개대상물을 선택해야 할지 모르겠다 싶을 때는 그 중개대상물을 찾는 손님들을 살펴보고 손님이 나와 비슷한 공감대를 형성하기 쉬운 분야에서 시작하는 게 좋아요.

내게 잘 맞는 중개대상물은 내가 중개업을 하면서 스스로 찾아가는 거예요. 나이뿐만 아니라 내가 처한 환경이나 지역도 다 다르기 때문에 일을 하면서 스스로 느끼고 찾아가는 것이 중요합니다.

IV

부동산 중개사무소
창업하기

창업 비용 및
필요한 아이템들

1. 창업 비용

(1) 보증금 및 임대료

보증금은 1,000만 원 또는 2,000만 원이 평균적으로 제일 많았고, 임대료는 90~200만 원까지 크기나 위치나 지역에 따라 다양했어요(물론 더 저렴한 곳도, 더 비싼 곳도 많아요). 평수, 지역, 위치, 컨디션에 따라 너무 천차만별로 달라서 제가 딱 얼마라고 할 수는 없기에 확인하는 방법을 알려드릴게요.

① 기존 부동산 중개사무소를 인수할 때

한국공인중개사협회 홈페이지 가시면 메인 화면에 '커뮤니티'→'중개사사무소 매매(양도)'를 클릭하시면, 지역별로 올라와 있는 것을 보실 수 있어요.

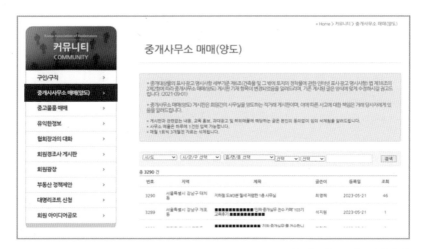

이곳에 올라온 매물은 기존에 부동산 중개사무소로 영업 중이던 곳을 양도 물건으로 내놓은 경우예요. 중개사무소를 운영하시던 분들이 본인 사무실을 양도할 생각이라면 99%는 한국공인중개사협회 홈페이지에도 같이 올리기 때문에 사무소 자리를 알아보실 때 꼭 참고하시는 게 좋아요.

② 합동 사무소에서 개업할 때

합동 사무소도 한국공인중개사협회 홈페이지에서 구인/구직 카테고리에서 '합동'을 검색해 지역별로 올라온 합동 사무소도 확인할 수 있어요.

조건이나 옵션이 모두 다르니 꼼꼼하게 하나씩 확인하시고 직접 전화해 물어보시거나 면접을 보시고 결정하세요(합동 사무소는 아는 사람들끼리 자리 나면 서로 소개해 채워주는 경우도 있어요. 하지만 처음 중개업을 시작해 인맥이 없는 상태라면 공인중개사협회만 한 사이트가 없답니다).

③ 공실이나 다른 업종이던 상가에 차릴 때

1층 상가든, 2층 이상의 사무실이든 네이버 부동산에서 상가 또는 사무실을 검색해 확인할 수 있어요. 다만, 그 광고를 올린 것도 주변 부동산 중개사무소이기 때문에 부동산 중개사무소를 할 자리를 찾는다고 하면 안 좋아할 수도 있어요. 그럼에도 불구하고 거짓말하거나 정보만 캐고 직접 거래를 한다는 등의 행동을 하면 정작 중개사무소를 개업했을 때, 소문은 금방 나기 때문에 그런 생각은 일절 접어두시고 정석대로 부동산 중개사무소를 할 것이라 이야기하고 사무실을 구해서 들어가시길 바랍니다.

지역의 소형 사무실은 보통 보증금 500~1,000만 원에 월세는 40~80만 원으로 저렴한 경우가 많으니 이런 곳에서 새로 시작하시는 것도 나쁘지 않다고 생각합니다. 꼭 기존 중개사무소를 인수할 필요는 없으니까요!

(2) 권리금

권리금은 영업권리금, 바닥권리금, 시설권리금, 이렇게 3가지에 따라 결정되는데 중개사무소 시설권리금은 많아야 500~1,000만 원 정도이고, 나머지는 입지가 좋다면 바닥권리금, 기존에 활발하게 영업하던 곳이었다면 영업권리금 때문에 가격이 높아집니다. 기존 중개사무소를 인수하는 경우도 있고, 다른 업종을 하던 상가를 인수하는 경우, 공실에 들어가는 경우 등 상황이 다 다르기 때문에 권리금은 0~1억 원까지 천차만별이에요. 권리금은 기존 임차인이 요구하는 금액이자 받고 싶어하는 금액이기 때문에 협의와 변동 가능성이 큽니다. 당연히 양도하는 입장에서는 많이 받고 싶겠으나 사실상 제시한 금액 전체를 다 받기는 힘들고 조정이 되는 경우가 많아요.

한국공인중개사협회 홈페이지에 올라온 기존 중개사무소 매매(양도) 건을 보면 '권리금은 문의 주세요'와 같이 가격은 안 적혀 있고 문의를 유도하는 글들이 많아요(일반 상가도 마찬가지지만요). 권리금이 없다면 '권리금 없음'이라고 쓰여 있겠지만, 그게 아니라면 광고를 올린 중개사에게 직접 문의해서 확인하는 수밖에 없습니다. 보통 중개사무소를 정리하고자 한다면, 본인이 직접 한국공인중개사협회 사이트에 올리는 경우도 있고, 주변의 동료 중개사분들이 올려주는 경우도 있어요. 요즘처럼 경기가 안 좋을 때는 문 닫는 중개사무소가 많기 때문에 잘 찾아보면 권리금이 없는 좋은 사무실을 구할 수 있습니다.

일반적인 중개사무소 권리금은 시설과 영업 장부를 인수하는 조건으로 보통 2,000~3,000만 원이 가장 흔합니다. 하지만 기존 임차인(양도인)의 사정에 따라 권리금은 충분히 협상 가능한 금액입니다. 특히나 거의 사업을 접기로 마음먹었다면 권리금을 욕심내다가는 계속해서 월 임대료만 나가고 인수할 사람도 찾기 힘들어질 수 있기 때문에 부동산 시장이 안 좋을 때 가장 핸들링하기 쉬운 것이 권리금이에요. 그리고 사실 고객, 매물 명단들인 DB(Data Base)를 안 받고 권리금을 안 줄 수 있다면, 차라리 안 받는 편이 더 낫기도 합니다. 직접 한 영업이 아닌 남이 일궈낸 DB는 사실상 크게 도움은 안 돼요. 하지만 기존 부동산 중개사무소를 인수하며 영업권리금을 주기로 했다면, 초반에 괜히 요청하기 껄끄럽다고 피하지 마시고 DB는 무조건 많이 제대로 확보하세요. 중개사무소 인수 시 DB가 곧 권리금입니다.

중개업을 시작해서 맨땅에 매물확보부터 하는 것과 어느 정도 매물이 있는 상태로 시작하는 것은 정말 달라요. 매물이 있어야 광고를 할 수 있고, 광고를 해야 손님도 올 뿐만 아니라 그 매물 광고를 보고 또 다른 매물 접수를 받을 수 있어요. 매물이 0인 상태로 시작하면 자리 잡기까지 상당한 시간이 순식간에 지나갑니다. 권리금 없이 들어갔으면 몰라도 권리금이 있었다면 DB를 최대한 많이 확보하시기를 바랍니다.

새로 지어지는 아파트·상가·지식산업센터와 같은 집합건물 입주장의 경우, 대부분 그 단지 내 상가에 중개사무소를 차리게 돼요. 이 경우 만약 독점(단지 내에 중개사무소 자리 딱 1~2곳 지정)으로 들어가게 되면 권리금이 1억 원 이상인 경우도 있어요(인기 있을 만한 자리는 애초에 분양 시 시공사나 분양대행사가 가지고 있다가 완공되면 비싼 권리금을 받고 넘기기 때문에 공실이고, 첫 입주임에도 권리금이 있는 경우가 있어요). 반대로 단지 내 1층 상가라고 하너라도 1층 여러 상가가 다 텅텅 비어 있고 부동산 불황기에는 좋은 자리임에도 권리금이 없어요.

(3) 인테리어 비용
인테리어도 하기 나름인데, 비품을 떠나 건물 내부 인테리어를 하는 것은 취향 차이예요. 1,000~2,000만 원을 들여 예쁘게 할 수도 있고 그냥 기본 컨디션에 소품을 활용해 이것저것 꾸미기만 한다면, 인테리어 비용은 500만 원 이내로도 끝낼 수 있어요.

요즘은 카페 같은 부동산 중개사무소가 유행이라 정말 감각적이고 예쁜 부동산 중개사무소들이 많아요. 간혹 정말 휘황찬란한 부동산 중개사무소들도 있는데, 인테리어에 너무 힘을 주면 본인은 만족할 수 있으나 손님들은 부담스러울 수 있어요. 그리고 인테리어에 쏟은 비용 때문에 혹시나 장사가 잘 안되었을 때 다른 곳으로 이동하기도 겁나고, 본전을 뽑아야 한다는 생각이 발목을 잡아 부담스러운 영업을 할 수도 있으니 이런 부분은 잘 생각해보시고 하시는 것을 추천해요!

부동산 중개사무소는 자고로 편안함, 신뢰를 주는 분위기가 최고입니다. 너무 어설프고 성의 없는 사무실도 신뢰가 안 가지만, 너무 화려해도 부담스러워요. 그래도 당연히 예쁘고 깔끔한 곳에서 일하는 게 일하는 내 기분도 좋고, 기분 좋으면 영업도 잘되는 효과가 있겠죠? 인테리어 자체는 심플하게 하고, 소품 등으로 분위기를 바꾸는 방법도 추천합니다.

(4) 간판

간판은 중개사무소의 첫 이미지를 결정하는 사무소의 얼굴이기 때문에 굉장히 중요해요. 비용은 평균 200만 원 내외로 들어갑니다. 디자인은 멋있고 튀면 당연히 좋겠지만, 가끔 너무 고급스러운 간판을 하면 고객들이 부담스럽게 느낄 수 있으니 주의해야 합니다. 중개사무소 간판은 모름지기 여기에, 이 자리에 '부동산 중개사무소'가 있다는 것을 멀리서도 보일 수 있도록 제작하는 것이 가장 중요해요. '부동산'이라는 글씨가 최대한 잘 보이게 하면 좋습니다. 서비스는 최선을 다하되 부동산 중개사무소 분위기는 어느 정도 편안한 느낌을 주는 것이 가장 좋아요.

부동산 중개사무소 간판은 옥외광고물법과 공인중개사법을 준수해 제작 및 설치해야 합니다. 실제 간판 설치 시에는 각 지역의 시도조례를 참고하시고, 해당 지자체에 문의 후 진행해주세요.

> **┃ 개업 공인중개사 추가 체크사항 ┃**
>
> - 사무소의 명칭에 '공인중개사사무소' 혹은 '부동산 중개'라는 문자를 사용해야 합니다. 위반 시에는 100만 원 이하의 과태료에 처합니다.
> - 개업 공인중개사가 옥외광고물(간판)을 설치하는 경우 가로형 간판, 세로형 간판, 돌출 간판 또는 옥상 간판에 중개사무소 등록증에 표기된 개업공인중개사(법인의 경우에는 대표자, 법인 분사무소의 경우에는 신고필증에 기재된 책임자)의 성명을 표기해야 합니다. 위반 시 100만 원 이하의 과태료에 처합니다.

옥외광고물법에 따르면, 1~2층 상가의 경우 코너 상가나 도로에 끼인 건물이 아닌 이상 벽면에 붙이는 중개사무소 간판은 원칙적으로는 업소당 1개만 허용됩니다. 그런데 건물 뒤쪽에 있는 부동산 중개사무소에서 자기 간판이 더 잘 보이게 경쟁적으로 불법 간판을 2~3개 다는 경우도 있어요. 건물에 덕지덕지 같은 간판을 다는 것이지요. 경쟁 업체끼리는 이거 가지고도 신고를 하느니 마느니 싸우는 곳도 있어요. 그만큼 간판이 중요한 역할을 한다는 간접증거이기도 하겠지요.

이제는 온라인 시대이기 때문에 간판은 부동산 사무실 분위기에 어울리는 밝고 튀는 적당한 것으로 하시고 온라인상에 '우리 중개사무소가 여기 있다'라고 많이 알리는 게 더 중요하다고 생각합니다.

2. 중개업 추천 아이템

(1) 휴대폰 - 삼성 갤럭시 최신 폰

'통화 녹음' 기능이 기본으로 탑재된 '삼성 갤럭시' 휴대폰 필수

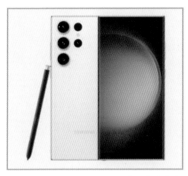

(출처 : 삼성전자)

통화 녹음 기능이 있는 갤럭시 휴대폰은 중개업을 할 때 필수입니다. 저는 원래 애플 유저라 10년 가까이 아이폰만 사용했는데요. 주변 공인중개사분들이 갤럭시로 바꿔야 한다고 하도 이야기를 하셔서 눈물을 머금고 바꿨다가 갤럭시의 편리함에 완전히 빠져버렸어요(현재는 개인 폰, 업무용으로 나누어 폰 2개를 쓰고 있어서 개인폰은 아이폰, 중개 업무용폰은 갤럭시를 쓰고 있어요). 중개업에서 통화 녹음은 정말 필수입니다. 아이폰도 어플을 설치하면 녹음이 된다고는 하는데, 아무래도 기본 기능으로 탑재된 것과는 차이가 있지 않을까 싶어요(다른 브랜드는 써본 적이 없어서 비교가 안 되네요).

중개업에서 녹음이 필수인 2가지 이유

① 법적 증거를 위해

　- 분명 중요한 사항에 대해 전화상으로 고지했고 대답도 들었는데,

그런 이야기를 못 들었다고 잡아떼는 사람도 많고, 본인이 A라고 이야기해놓고 B라고 말 바꾸는 사람도 많기 때문에 통화 녹음은 필수입니다.

② 바쁠 때 일단 통화하고 다시 들으면서 DB를 정리하기에 편리
- 운전 중이거나 다른 손님과 물건을 보러 갔을 때 등등 내용을 받아 적을 수 없는 상황에서 매물 접수가 되거나 손님이 매물을 찾는 전화가 온 경우 "잠시만요" 하고 종이를 찾을 필요가 없어요. 그냥 자연스럽게 대화를 다 하고 나서 나중에 '녹음된 내용'을 들으며 정리하면 됩니다. 저는 중개업 초반 6개월 이상을 기존에 쓰던 아이폰을 사용했는데, 녹음 기능이 중요하다는 것을 몰라서 손님에게 물어본 거 또 물어보고 너무 오랜 시간을 비효율적으로 일하고 손님들도 귀찮게 했던 것 같아요. 녹음 기능을 꼭 이용하시기를 바랍니다.

그럼, 모델은 어떤 것을 구매해야 할까요? 요즘은 어지간한 카메라보다도 휴대폰 카메라가 더 잘 나오고 편해서 매물 사진도 다 휴대폰으로 찍어요. 그래서 그냥 현시점에서 최신 폰을 사시는 게 가장 좋은 듯합니다. 매물 촬영을 많이 하실 생각이라면 2년마다 주기적으로 새 휴대폰으로 바꿔주시면 좋아요. 유튜브 영상, 블로그 매물 사진 모두 다 휴대폰으로 찍게 되니까 용량이 넉넉하고 카메라가 좋은 휴대폰으로 사서 사진, 영상도 예쁘게 찍고, 일도 효율적으로 하시면 좋습니다.

(2) 기타 창업 시 필요한 아이템들

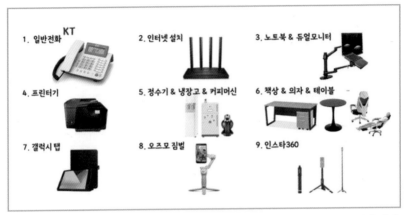

(출처 : 저자 작성)

① 일반 전화 설치

중개사무소를 개설등록할 때 대표 휴대폰 번호만으로도 가능하기 때문에 일반 전화가 필수는 아닙니다. 일반 전화기를 놓아봤자 어차피 휴대폰으로 착신을 돌려놓고 일하는 경우가 많아서 휴대폰만 쓰는 경우도 있는데, 실무적으로 휴대폰만 사용하더라도 일반 전화번호는 하나 따서(항시 착신으로 돌려놓더라도) 여기저기 번호를 뿌릴 때 함께 사용하시는 것을 추천해드려요.

고객이 봤을 때 사무소 전화 번호에 휴대폰 번호만 있으면 좀 가벼운 느낌이 있는 것 같아요. 일반 번호가 주는 묵직함이 있지 않나 싶습니다. 저도 처음에는 휴대폰 번호만 했다가 일반 전화번호를 추가했어요. 아예 휴대폰으로 돌려놔서 일반 전화의 수화기를 들 일은 없는데, KT 요금이 나온 것으로 추측해보면 일반 전화와 휴대폰 번호가 둘 다 있으면, 일반 전화로 많이 거시는 것 같아요. 휴대폰 번호든, 일반 전화 번호든 구청 부동산과에 전화해서 등록 요청하면 간단하게 처리해줍니다. 개업 전부터 전화번호에 신경 쓸 필요는 없고, 개설등록 신청하시고 천천히 번호를 고르셔도 무방합니다(간판을 하기 전에만 정하면 됩니다).

일반 전화는 여러 통신사 중 KT가 압도적으로 좋은 번호가 많아요! 물론 KT도 황금 번호는 쓰기 힘들지만, 그래도 KT가 훨씬 다양한 번호를 보유하고 있으니 KT로 하세요.

② 인터넷 설치
쓰고 있는 휴대폰 통신사와 결합해 저렴하게 신청하세요. 요즘은 인터넷과 CCTV도 같이 쓸 수 있는 결합 상품도 나왔어요. 저는 써보지는 않았지만, 중개사무소 내 CCTV를 설치하는 사장님들도 계시니 필요하시면 확인해보세요.

③ 노트북 & 듀얼 모니터
제가 써보니 '노트북+듀얼 모니터' 조합을 강력하게 추천합니다. 부동산 중개사무소를 하다 보면 출장 계약을 하게 되는 경우가 종종 있어요. 빌딩 관리사무소에 가서 계약하든가, 아니면 분양사무실에 가서 계약하게 되는 경우도 있는데 저는 이럴 때 노트북이 너무 편했어요.
혹시라도 수정할 일이 생기면 계약서를 수정해서 그 장소에 있는 프린터기를 빌려 다시 출력하거나(와이파이 연결 또는 PDF 저장 후 직원에게 전송 등), 또 기타 서류를 급하게 작성해야 하는 경우 제가 쓰던 노트북 그대로 쓰면 당황할 일이 안 생겨서 편하더라고요.

하지만 사무실에서 노트북만 놓고 쓰기는 화면이 작아 불편하기도 해서 화면이 큰 듀얼 모니터를 놓고 씁니다.

사무실에서는 노트북과 듀얼 모니터(+블루투스 키보드 & 마우스)를, 외부에서는 노트북을 사용하고, 블로그나 유튜브 편집은 갤럭시 탭을 사용했어요.

- 노트북 : 삼성전자 갤럭시북 프로 15.6인치 NT950XDY(구매 당시 최신)
- 듀얼 모니터 : 인터픽셀 IP2422 24인치
- 블루투스 키보드 : 삼성전자 삼성 SK-P1000 블루투스 멀티 무선키보드
- 마우스 : 로지텍 LIFT 무선 마우스(그립이 특이해서 호불호 있음!)
  - 평소에 무선으로 쓰긴 하는데 비상시를 대비해 유선 마우스도 하나 사무실에 구비해두길 권장해요.

④ 프린터기

프린터기로는 HP8710 모델이 국민 부동산템으로 많이들 썼는데 현

재는 단종되어서 그 상위버전인 HP9010 쓰시는 분들이 많아요. 요즘은 렌탈도 잘 나와서 렌탈도 많이 씁니다. 저는 HP9010 무한잉크 제품으로 구매해서 잘 쓰고 있어요! 가격은 30~40만 원대입니다.

> **TIPS!**
> 혹시 여유가 되신다면 저렴한 흑백 프린터기도 추가로 한 대 더 두면 좋아요. 이상하게 평소 멀쩡하다가 계약일에 프린터기가 말썽인 것은 저뿐만이 아닌 것 같아요. 프린트를 워낙 많이 하는 직업이다 보니 고장이 날 수도 있는데 중요한 날 갑자기 안 되면 정말 당황스럽습니다.

⑤ 정수기 & 냉장고 & 커피머신

정수기와 냉장고는 필수! 커피머신은 선택! 냉장고와 정수기는 필수적으로 사용하기 때문에 준비하시는 것을 추천합니다. 냉장고는 구매, 정수기는 렌탈이 일반적입니다. 커피는 맥심 커피믹스는 기본으로 준비해놓고 커피믹스를 안 드시는 분들을 위해 요즘은 G7 베트남 블랙커피를 많이 구비해놔요. 시중 아메리카노와 맛도 비슷하고 타기도 간편합니다. 부동산 냉장고에 가장 흔하게 있는 음료는 비타500과 박카스입니다. 요즘 젊은 사장님들은 센스 있게 캔커피, 헛개차, 이온음료 등도 많이 준비해놓으세요.

커피머신은 개인적으로는 잘 안 쓰게 되었어요. 캡슐로 내리는 비교적 간단한 커피머신임에도 불구하고 실제로 계약서를 쓰러 손님들이 오셨을 때는 커피를 내려 드릴 정신이 없더라고요. 오히려 있으니까 손님이 '이거 아이스로도 되나요?' 하면서 서류 출력 및 브리핑에 정신없어 죽겠는데 커피 내려서 얼음까지 넣어 드리고, 애들은 뛰어다니고 아주 진땀 뺀 적이 있어요. 어느 정도 시간적 여유가 되는 상황에서는 커피를 내려드리면 대접받는 느낌이 들어서 좋긴 한데, 직원 없이 혼자 일하는 저에게는 조금 무리였어요. 만일 여유가 된다면 무더운 여름, 얼음 정수기나 제빙기를 놓아 아이스커피를 드리는 것도 손님들은 좋아하시겠죠. 저는 커피머신은 결국 집으로 가져와 아주 잘 쓰고 있답니다.

⑥ 책상+의자 & 테이블

본인이 쓸 책상과 의자(직원이 있다면 직원 것도), 그리고 손님용 테이블이 필요합니다. 손님용 테이블은 4인용을 가장 많이 씁니다. 손님용 테이블은 심리적으로 원형이 좋다고 해요. 그래야 손님 옆에 앉았을 때 부담이 없으면서도 가까운 느낌이 들고 계약 시 브리핑하기도 좋아요. 간혹 손님이 가족이나 친구와 함께 오는 경우, 또는 공동중개로 인해 사람이 여러 명 오면, 4인 의자보다 인원이 초과될 수 있어요. 접이식 의자를 구비해놓으시면 평소에는 치워두었다가 인원이 많아 필요하게 되었을 때 사용할 수 있어 좋아요.

상담하고 있는데 추가 손님이 또 방문하시게 될 경우, 앉아서 기다리실 수 있는 미니 소파나 간이 의자도 필요해요. 손님용 의자는 너무 편한 것은 추천하지 않습니다. 편해서 너무 오래 앉아 있으면 안되니까요. 의자의 쿠션 부분은 적당히 탄성이 있으면서도 부드럽고 바퀴 달린 것이 의자 끄는 소리에 신경 거슬리지 않고 이용하기 편합니다.

(3) 필수는 아니지만 있으면 좋은 그 밖의 추천 아이템

① 갤럭시 탭

저는 갤럭시 탭을 정말 잘 쓰고 있어요. 유튜브 편집도 탭으로 하고 주말이나 외부에서 블로그 작업할 때도 노트북보다 작고 가벼운 탭이 확실히 휴대하기 좋아요. 앞에서도 언급했지만, 정말 많은 중개사분들이 실무를 하실 때 녹음 기능이 있는 삼성 갤럭시 휴대폰을 쓰세요. 그러다 보니 자료 호환이 용이한 동일 브랜드 제품의 태블릿이 편합니다. 제 경우에는 노트북, 휴대폰, 탭 모두 삼성 제품이라 서로 호환이 잘되어 자료 전송 등 여러가지 작업할 때 처리 속도가 빨라서 좋았어요(물론 지극히 개인적인 취향이지만 추천합니다).

영상 제작이나 블로그 작업 등의 편의를 위해 저는 케이스도 키보드가 달린 삼성 정품 모델을 사용하고 있어요.

(출처 : 삼성전자)

케이스 기능도 있으면서 언제든 편하게 키보드로 쓸 수 있어서 굉장히 편합니다.

• 갤럭시탭 : S7 FE 약 70~80만 원
• 북커버 케이스 : EF-DT730(삼성 정품) 약 13만 원

• 현재 상위모델 출시되었음.

② 오즈모 짐벌 - DJI OM4 SE(오즈모모바일4 SE)

유튜브를 하시거나 영상을 찍으실 계획이라면 오즈모 짐벌을 추천해 드려요. 사실 저는 처음에 좋다고 해서 사놓기만 하고 손에 안 익어서 그런지 영 불편해 몇 달을 그냥 방치했어요. 그러다가 다시 사용하기 시작했는데 사용 방법도 알고 보면 간단하고, 오즈모로 찍으니까 손으로 잡고 찍을 때보다 확실히 흔들림도 없고 전문적인 느낌이 나서 추천합니다. 손으로 들고 촬영할 때는 아무리 조심한다 해도 많이 흔들렸는데 확실히 짐벌에 끼워서 촬영하니 굉장히 그럴싸한 영상이 나오더라고요. 좀더 손에 익으면 굉장히 편하게 찍을 수 있을 것 같아요! 매물 촬영을 하기 특히 좋았어요.

(출처 : DJI)

• DJI OM4 SE : 가격은 12만 원대
• 현재 상위버전 새로운 모델 출시됨.

③ 인스타360

(출처 : 네이버 쇼핑)

요즘은 네이버 부동산, 직방, 네이버 블로그 등에서 VR 360도 기능을 지원하기 시작했어요. 아직 보편적이지는 않지만, 주변에 온라인을 주력으로 하시는 중개사분들이 많이 추천하는 제품입니다.

대부분의 전자제품들은 네오비 중개법인 이명숙 대표님께 추천을 받아 구매했던 것들인데, 저는 실제로 다 너무 잘 쓰고 있어요. 다만 구매했을 당시에는 최신형이었지만, 지금은 신제품이 나왔기 때문에 잘 비교해서 구매하시기를 바랍니다.

④ 서류판 & 인주

계약서를 쓸 때 서류판이 있으면 편해요. 계약서는 보통 전날 미리 다 써놓기는 하지만 예정에 없다가 당일 갑자기 계약서를 쓰게 될 때도 있고 미리 준비해놨어도 계약 당일, 다시 조율된 내용이 있어 새로 출력하는 경우가 많아요. 준비할 서류가 많다 보니 계약서와 여러 다른 서류들과 섞이기도 하고, 정신이 없어 도장이나 서명을 빼먹는 치명적인 실수를 할 수도 있어요.

이럴 때, 서류판에 계약서를 겹쳐놓고 집어두면 도장을 찍기도 편하고 서명도 빼먹지 않을 수 있어요. 그리고 서류판은 뒷부분이 약간 푹신해서 도장이 잘 찍힙니다. 다른 서류들을 챙기다가 정작 제일 중요한 계약서에 실수하면 안 되니까 서류판에 계약서를 집어두고 다른 서류를 부차적으로 챙기시기를 추천합니다.

제 첫 계약 때가 생각나는데요. 전날 너무 떨려서 잠은 하나도 못 자고 정신은 붕 떠서 도장을 받아서 찍는데 정적은 흐르고 모두가 내 손끝만 바라보는 것 같고 긴장되어 손이 덜덜 떨렸던 것을 감추느라 혼났어요. 그렇게 계약서에 제 인장을 안 찍는 대참사가 발생했어요. 이미 손님들은 돌아가셨고 어찌 수습할 방법이 없었어요. 결국 제가 직접 손님들 집까지 찾아가서 다시 인장을 찍었답니다.

아무튼 계약에 따라 간단한 것도 있지만, 준비해야 할 서류가 정말 많은 계약도 있어서 서류판에 계약서만 별도로 수량 맞춰(3~4장) 포개어놓고 집게로 집어두면 다른 서류와 섞일 일도 없어 좋아요.

A4 다용도 자석클립 오픈형 고급가죽 서류판

최저 **10,140원** 판매처 248

생활/건강 > 문구/사무용품 > 파일/바인더 > 서류철/결재판

리뷰 ★★★★☆ 4 · 등록일 2022.11. · ♡ 찜하기 0 · 🔒 정보 수정요청

포털 사이트에 '서류판'이라고 검색하시면 뚜껑 없는 서류판이 많이 나오는데요. 뒷면이 약간은 푹신한 인조가죽이 도장도 잘 찍히고 글씨도 부드럽게 써진답니다(아니면 고무판을 덧대서 만들어도 됩니다).

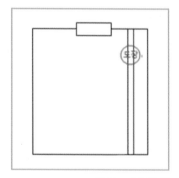

(출처 : 저자 작성)

이런 식으로 계약서를 겹쳐서 집어놓으면 넘기면서 서명을 하거나 도장 찍기에도 좋고, 계인(계약일에 작성된 모든 거래 계약서가 모두 그 해당 계약에 의한 것임을 증명하기 위해 찍는 것)을 찍을 때도 편하답니다!

인주는 '사치하타 인주'를 강력하게 추천합니다. 인주 똥도 안 묻어 나오고 잉크처럼 깔끔하게 찍을 수 있어요. 사무실용 MG-75EC 사이즈를 추천합니다.

온라인 간판
스마트 플레이스 등록하기

사무실에 간판을 달았으면 이제 온라인상에서도 간판을 달아야겠죠.
네이버, 다음/카카오에 주소를 등록하는 방법입니다.

- 네이버 : 스마트 플레이스(https://new.smartplace.naver.com/)
- 다음/카카오 : 카카오맵 매장 관리(https://mystore.kakao.com/)

각각 홈페이지에 들어가셔서 절차에 따라서 하시면 됩니다. 먼저 네이버 지도(스마트 플레이스)를 등록해볼게요. 해당 홈페이지에서 알려주는 가이드대로 업체 정보를 기입만 하면 되는 것이라 간단해요!

1. 네이버 스마트 플레이스

(1) 스마트 플레이스 등록 시 참고하면 좋은 꿀팁!

① 매장 사진 - 명함 추가

내 지역의 부동산(중개사무소)을 검색해서 나오는 이미지에 명함 이미지를 올려두면 조금이라도 나를 어필할 수 있어 좋겠죠? 명함은 나를 알리는 좋은 PR 수단이지만, 손님과 직접 연락하거나 만나야 전해줄 수 있다는 한계가 있으니까요. 이럴 때는 어차피 돈 드는 일도 아니니 본인을 잘 어필할 만한 온라인 명함 한 장 만들어서 사무실 사진과 함께 올려놓으면 좋아요!

- 명함이 아니더라도 인자하게 미소 지으며 사무실에 앉아 업무를 보고 있는 공인중개사 본인 모습을 올리신 분들도 계시는데, 그것도 신뢰가 가고 좋아 보였어요.
- 사진은 많으면 많을수록 상위 노출이 될 가능성이 커진다고 해요. 매물 사진이나 고객과 함께한 사진들도 올릴 수 있다면 최대한 많이 올리시는 것을 추천 합니다. 100장이 넘는 사진을 올리는 중개사무소도 봤어요.

② 영업 시간 - 24시간

저도 예전에는 제 실제 사무실 오픈 시간을 적어두었는데, 굳이 그럴 필요가 없는 것 같아요. 어차피 전화 통화 업무로 진행되는 것들이 절대적으로 많고, 오프 날에도 전화로 시간을 조율해서 손님이 계시면 출근하기도 하기 때문에 24시간 영업이라고 적는 게 좋아요. 더 열심히 하는 이미지로 비춰질 수 있고, 실제로도 24시간 영업이 맞으니까요.

'괜히 시도 때도 없이 밤에도 연락 오는 것 아닐까?' 하시겠지만(네, 맞습니다. 밤늦게도 연락이 옵니다), 그런데 그때 연락을 받을지, 다음 날 오전에

콜백을 해줄지는 본인이 선택하면 되니 군이 온라인상의 가게 영업시간에 미리 제한을 둘 필요는 없을 것 같아요.

③ 쿠폰이나 네이버 톡톡 활용하기

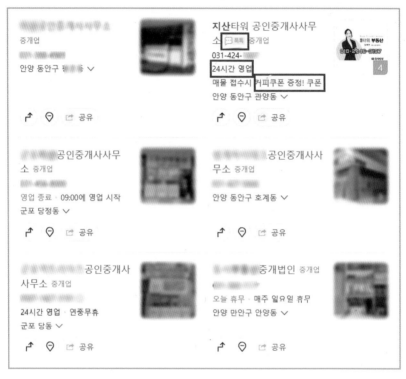

(출처 : 네이버)

지역에 중개사무소 검색을 했을 때 위의 리스트가 떴다면 어느 사무소가 가장 활성화되어 보이나요? 24시간 영업, 네이버 톡톡 연결, 쿠폰 증정 등 할 수 있는 기능은 최대한 다 활용하는 것이 좋아요. 사진도 꼭 등록하고요. 그래야 네이버 스마트 플레이스 자체에서도 활성화된 영업점이라고 판단해서 조금 더 상위 노출되기도 한답니다.

2. 카카오톡 채널등록 & 오픈채팅방 & 카카오맵

네이버와 마찬가지로 앞의 주소에서 카카오맵 매장 등록을 하면 됩니다. 카카오맵 매장 등록을 하면 다음 사이트와 연동되어 사무소 정보가 소비자에게 노출됩니다.

(1) 카카오 채널

카카오 채널(https://business.kakao.com/)도 별도로 등록해 부동산 정보나 소식 등을 업로드하면 좋아요. 특히 지역에 재개발·재건축 등의 호흡이 제법 긴 호재가 있을 때, 그 정보를 카카오톡 채널이나 오픈 채팅방에 꾸준히 업데이트해주는 중개사무소가 있는데, 이 광고 효과가 굉장합니다. '나를 위한 영업이 아닌 고객을 위한 영업'을 하니 효과가 없는 게 이상합니다. 해당 지역의 투자 정보, 개발 호재 등의 정보를 제공하면서 중개사무소는 자연스럽게 홍보가 되고 그렇게 모인 채팅방 멤버들은 고객이 됩니다.

(2) 오픈채팅방

투자자들을 겨냥한 오픈채팅방을 개설해 투자 정보, 부동산 정보 등도 꾸준히 업데이트해주며 손님을 유치하는 중개사무소가 많아지고 있는 추세입니다. 채팅방을 개설한 방장이 지역 정보와 부동산 정보를 많이 알면 좋은 부분도 분명 있겠지만, 제 경험상 꼭 처음부터 완벽할 필요는 없는 것 같아요. 일단 개설해놓고 정보를 찾아서 제공하기 시작하면 본인도 공부가 되고, 채팅방에 들어온 손님들끼리도 정보를 교환하며 소통하는 방이 되기도 합니다.

(3) 카카오맵 매장 관리

전체 이용자 수로 봤을 때는 네이버의 이용량이 압도적으로 많지만, 40~50대 이상의 연령층분들은 다음/카카오를 많이 이용합니다. 또한 카카오의 경우, 카카오톡과 연계되어 매장 관리를 할 수 있기 때문에 사업자인 우리는 네이버와 다음/카카오 둘 다 등록해야 해요.

PC화면

모바일 화면

(출처 : 다음/카카오맵)

방법은 네이버보다 훨씬 간단하고 쉽습니다. 카카오맵의 매장 관리에 들어가서 로그인 후 신규 매장을 등록하면서 기입하라는 정보를 다 기입하면 됩니다. 웹페이지가 모바일 기반이라서 휴대폰으로 매장 관리 사이트에 들어가서 입력하는 것이 더 편합니다.

V

실무 시작 전
필수지식

기본적인
중개 실무 FLOW

1. 매물 접수
2. 광고
3. 손님 문의
4. 손님 미팅
5. 조건 조율
6. 가계약금(생략 가능)
7. 계약시 사인 및 계약금 송금
8. 중도금(생략 가능)
9. 잔금 (이사)
10. 사후 처리

　　공인중개사 입장에서 바라본 기본적인 중개 실무 Flow입니다. 중개업은 경우의 수가 수도 없이 많기 때문에 모든 계약이 다 다릅니다. 매매인지 임대인지, 상가인지 주택인지에 따라 다 다르고, 손님이 처한 상황과 예산 및 성격에 따라서도 케이스가 다양합니다. 하지만 기본적인 틀은 앞의 Flow와 비슷하니 참고해서 응용하시면 됩니다. 하나하나 좀 더 자세히 살펴볼게요.

1. 매물 접수

매물 접수는 손님이 사무소로 직접 찾아오는 경우, 전화가 오는 경우의 2가지 경우로 나뉘어요. 어떤 경로로 매물이 접수되든 매물 접수 시 고객에게 꼭 물어봐야 할 것들이 있어요. 반대로 굳이 물어보지 않아도 서류를 직접 떼서 확인하는 것이 더 정확하고 효율적인 것들이 있어요.

필히 물어볼 것	서류로 직접 확인 가능한 것
1. 물건의 정확한 주소(혹은 건물명과 동호수) 2. 거래유형(매매/임대) & 가격 3. 소유자인지, 세입자인지? 4. 매물 확인 및 촬영이 가능한지? 5. 4번이 불가하다면 방수, 화장실 수, 주차 가능 여부 및 내부 구조 특징이 있는지? 6. 관리비는 어느 정도 나오는지? 7. 이사 가능 날짜(공실 여부 및 세입자가 있다면 계약 만기일이 언제인지도 함께 체크) 8. 비밀번호 오픈 가능한지 여부(안 된다면 매물 확인 가능한 시간 체크)	1. 건물 총층수 2. 전용면적(집합건물에 한해) 3. 공급면적(층별 면적) 4. 준공 연도(혹은 사용승인일) 5. 건물 전체 주차 대수, EV 유무 6. 근저당(대출 유무) 7. 대지 지분 8. 대지면적, 연면적, 건축면적 등 9. 용도지역

• 방향(주거용이면 창문, 상업용이면 주 출입구 기준)은 서류상에 나오지 않지만, 그렇다고 물어보기도 약간 애매한 경우가 많아요. 아파트의 경우, 아파트 배치도를 지도에서 체크해서 쉽게 파악할 수 있으나, 그 외의 경우에는 가볍게 물어보거

나 직접 확인하는 것이 좋습니다.

- 상가·사무실 등 상업용 건물이라면 렌트프리 가능 유무 및 기간, 권리금 유무를 체크해야 합니다.
- 필히 물어볼 것에 '등기상 소유자 휴대폰 번호와 통신사'도 있어요. 네이버 부동산에 소유자 확인매물로 광고를 올리기 위함입니다.

그 외에 온·오프라인으로 직접 매물을 따게 되는 경우는 뒤에서 자세히 설명하겠습니다.

2. 광고

과거에는 교차로와 같은 지역신문에 광고를 싣거나 사무소 앞 투명 창에 '매매', '임대' 등과 같은 공고문을 여러 장 붙이는 것으로 광고했어요(물론 사무소 앞에 공고문 붙이는 광고 방법은 주거용 부동산 중개사무소에서는 현재도 많이 쓰입니다). 현재 가장 이용도가 높은 부동산 매물 등록 사이트는 네이버 부동산입니다.

어떤 중개대상물이든 광고는 네이버 부동산이 기본입니다. 그리고 중개대상물에 따라 많이 쓰이는 광고 플랫폼이 달라요.

- 원·투룸, 오피스텔 : 직방, 다방
- 상가 : 네모
- 아파트 : 호갱노노, 아실

(네모, 호갱노노 모두 직방의 자회사예요. 부동산 시장에서 직방의 영향력이 상당합니다. 최

근에 적자라는 기사를 접하긴 했는데 향후 어떻게 될지는 지켜봐야 할 것 같아요.)

그 외에 블로그, 유튜브, 인스타, 파워링크 등으로 광고하는 방법이 있어요. 과거와 달리 대부분 온라인 광고로 그 경로가 바뀌었다는 것을 알 수 있어요. 매물 홍보하기와 관련해서는 뒤에서 자세하게 다루었으니 참고하면 좋을 것 같습니다.

3. 손님 문의

손님의 문의는 크게 3가지 정도의 내용으로 나누어볼 수 있어요. 첫 번째는 특정 매물 광고를 보고 문의하는 경우, 두 번째는 본인이 원하는 물건을 찾아달라고 문의하는 경우, 세 번째는 그냥 부동산 정보, 세금 상담, 시세 등을 문의하는 경우입니다.

특정 매물 광고를 보고 문의하는 손님 → 본인이 원하는 물건을 찾아달라는 손님 → 기타 순으로 중요하다고 생각해요.

일단 내가 올린 특정 광고를 보고 문의하는 손님은 본인이 물건을 찾기 위해 직접 노력을 한 고객이기 때문에 진성 고객일 확률이 높습니다. 이런 분들은 언제까지 구하셔야 하는지 이사 날짜를 물어보면, 어느 정도 날짜 가이드라인이 정해져 있는 경우가 많아요. 내 매물과 다른 중개사무소에 나온 매물까지 확인하면서 열심히 찾아주면 됩니다. 본인이 원하는 물건을 찾아달라는 손님에게는 첫 번째로 어떤 물건을 찾는지 개략적인 정보를 묻습니다. 물건 종류, 가격, 거래 형태(매매/임대) 등에 대한 정보를 받은 뒤, 이사는 언제까지 해야 하는지 물어봅니다.

주택 전월세의 경우에는 이사 날짜가 너무 많이 남았다면 지금 보여주는 것은 큰 의미가 없어요. 원·투룸은 이사 예정일 최소 1~2개월 전, 아파트는 3~6개월 전쯤 구하는 것이 일반적입니다. 일단 본인 집을 내놨고 집이 나갔어야 그 후의 일정이 결정되기 때문에 현재 사는 집은 내놨는지, 계약되었는지도 물어보는 게 좋아요. 기껏 여러 매물을 다 보여줬는데 지금 집이 안 나가서 기다려야 한다는 둥, 계획이 바뀌었다는 둥 하면 힘만 뺄 수 있습니다.

투자자 손님은 가격만 맞으면 시원시원한 결정을 하는 것이 특징입니다. 부동산 상승기에는 2~3개의 매물을 한 번에 계약하기도 합니다. 직접 거주하거나 사용할 것이 아니기 때문에 입지와 가격만 보고 판단하는 경우가 많아요. 주변 호재나 부동산 정보에 대해 미리 공부하고 오는 경우가 많은데, 본인이 생각하는 것이 맞는지 중개사에게 확인받고 싶어 합니다.

이미 어느 정도 시장 분석을 하고 매수 의향이 있는 상태로 오기 때문에 고객이 생각한 쪽으로 확신을 주면서 매물을 추천하면 계약 성공률이 높습니다. 혹여나 당장 계약을 안 하더라도 언제든 할 가능성이 있는 고객이기 때문에 전화번호를 받아두었다가 괜찮은 매물이 나오면 연락을 하기도 합니다. 투자자 손님들은 부동산 거래 경험이 많아 대체로 매너가 좋고 말이 잘 통하는 편이지만, 시장이 좋을 때만 나타난다는 한계가 있어요.

마지막으로 부동산 정보, 세금, 시세가 궁금해서 문의하는 손님들도 있어요. 언제, 어떤 손님이 진성 고객이 될지 모르고, 우리는 서비스업이기 때문에 항상 친절해야 해요. 그러나 그렇다고 해서 우리의 에너지와 시간은 한정적인데 한도 끝도 없이 다 받아줄 수는 없습니다. 특히 내가 계약을 진행하지 않아 책임질 의무도 없는 건에 대한 법률적인 조언, 세무 상담 등은 최대한 피할 수 있으면 피하는 게 좋아요. 어설프게 상담해줬다가 괜히 책임을 묻는 경우도 있기 때문에 친절하게 거절할 줄도 알아야 합니다.

특히 저는 블로그로 부동산 정보를 계속해서 올리다 보니 먼 지역에서 블로그 내용에 대해 문의 전화가 오는 경우가 종종 있습니다. 제가 시간적인 여유가 있고 확신이 있는 내용은 상담해주기도 하지만, 그렇지 않으면 손님과의 미팅 핑계를 대면서 전화를 끊습니다. 혹은 블로그 댓글로 문의를 남겨주시면 확인하고 답변드린다고 하고 마무리합니다. 도움이 필요한 사람에게 도움을 주는 것도 보람된 일이지만, 내 업무에 지장이 있을 정도로 계속 문의하는 사람들도 많기 때문에 적당히 끊어낼 줄도 알아야 합니다.

4. 손님 미팅

손님과의 미팅을 잡아 매물을 함께 보러 갑니다. 손님한테 매물을 보여주기 전에 내가 미리 확인할 수 있다면 그렇게 하는 것이 좋습니다. 저는 보통 매물을 접수받으면 촬영을 해서 광고를 올리기 때문에 대부분의 매물을 미리 확인하는 편입니다. 그러면 손님과 함께 재방문했을 때 브리핑하기에 굉장히 편하고 자연스러워요.

주택 매물을 보여주기로 했다면 동선보다는 집 컨디션 순서로 3~4군데 보여주는 것이 계약 성공률이 높아요. 첫 집은 손님 예산 안에서 볼 수 있는 가장 저렴한 집을 보여줍니다. 가격이 저렴하면 그만큼 집 컨디션이나 옵션이 생각보다 별로입니다. 그렇게 손님의 기대치가 어느 정도 떨어진 상태에서 마지막 집은 손님 예산보다 살짝 높아지더라도 좋은 컨디션의 매물을 소개해줍니다. 좋은 매물을 보고 나면 그전에 봤던 상태가 별로인 집에는 살고 싶지 않게 됩니다. 본인이 생각한 예산에서 초과된 금액은 대출이라는 훌륭한 제도를 통해 충당할 수 있으니 욕심을 냅니다. 일종의 영업 전략이기는 하나 결과적으로 그렇게 조금 무리를 했더라도 좋은 컨디션의 집을 계약한 손님이 만족도도 더 높은 편입니다.

상업용 건물은 주택과는 조금 다릅니다. 각자의 목적과 입주 필요 조건이 명확하기 때문에 그냥 볼 매물을 정해놓고 동선을 따라 움직이는 것이 효율적이에요. 위치, 역과의 거리, 엘리베이터 유무, 주차 가능 유무, 전기 용량, 전용면적(또는 연면적), 원상복구 문제, 기타 특이사항 등 조건이 안 맞으면 컨디션과 상관없이 계약이 안 되기 때문에 최대한 적합한 매물을 찾아 효율적으로 보여주는 것이 좋아요.

상업용 부동산 전문 중개법인은 보통 손님 미팅 전에 담당 직원이 미리 답사하고 보고용 자료를 만들어 손님께 제안하고 미팅을 가져요. 직원이 많은 법인의 경우 보고서를 작성하는 것이 체계적이고 좋을 수 있으나 저 같은 1인 개업 공인중개사는 그런 보고용 자료를 만드는 것도 시간적으로 득보다 실이 많아요. 차라리 그 시간에 매물 작업을 하나 더 해서 손님에게 보여주는 것이 효율적이었어요. 결국은 매물이 많으면 손님의 선택 폭이 더 넓어지고, 그러면 더 적합한 매물과 매칭될 확률이 올라가니까요.

상업용 부동산은 최종 결정권자가 결정하기 전에 부하 직원이 매물을 확인하러 오는 경우가 많아요. 그래서 저는 오히려 보고용 자료보다는 물건을 보고 난 후 직원이 상부에 보고하기 편하도록 매물들의 특징과 위치, 계약 조건들을 정리해드리는 것에 더 신경을 씁니다. 대표나 임직원이 직접 오더라도 최종 선택은 혼자 결정하지 않고 회의를 거치기 때문에 물건을 보고 난 후 정리해드리는 것 또한 굉장히 중요한 것 같아요.

· 구글 Sheet에 매물 DB를 항상 백업해두면 고객과 함께 매물을 확인하며 브리핑하기 편해요. 휴대폰 앱으로도 확인할 수 있어서 언제 어디서든 정확하고 빠른 안내가 가능합니다.

엑셀 파일로 정리한 매물장입니다.　　　　(출처 : 저자 작성)

엑셀 매물장과 똑같은 내용을 구글 Sheet에 백업해놓으면 외부에서도 휴대폰으로 확인하기 좋아요. 제가 작업하기에는 엑셀이 훨씬 편하고 익숙해서 구글 Sheet는 백업용 & 외부 확인용으로만 사용 중이에요.

(출처 : 저자 작성)

5. 조건 조율

주택의 경우, 조건 조율이라 하면 대부분 가격이나 옵션(도배, 장판, 에어컨, 냉장고 등)입니다. 상가·사무실 등의 비주거용 부동산의 경우 렌트프리 기간, 임대 가격, 인테리어 유무, 옵션(냉난방기, 전기 증설, 기타 시설 설치 및 원상회복 문제, 권리금) 등이 있어요. 규모가 큰 거래의 경우(건물 통 임대 등) 계약 전에 미리 제소전화해(提訴前和解, 향후 발생할 수 있는 법적 분쟁과 명도 문제 등을 사전에 합의하고 작성해 법원에 신청하는 것)를 쓰기도 합니다.

매도·임대 우위 시장이냐, 매수·임차 우위 시장이냐에 따라 중개사가 분위기 파악을 먼저 해서 중간에서 커트하는 것도 중요해요. 우리는 철저하게 공급과 수요 법칙에 따른 시장 상황을 따를 수밖에 없어요. 물건이 없을 때는 매도·임대인 편에 설 수밖에 없고, 손님이 없을 때는 매수·임차인 편에 설 수밖에 없습니다. 편에 선다기보다는 결국은 아쉬운 쪽이 더 많이 들어주고 양보하는 것인데, 우리는 시장 분위기를 가장 최전선에서 느끼기 때문에 상황을 보고 적절히 힘을 실어 조언해주고 때때로 설득도 해야 해요.

여기에서의 협상 능력이 곧 중개사의 능력이고, 실력 있는 중개사라고 불립니다. 저도 이 부분은 여전히 어렵습니다. 많은 손님을 만나고 경험을 쌓으며 부동산 정책과 시장 동향을 열심히 따라가는 수밖에 없습니다.

6. 가계약금(생략 가능)

'클로징 & 계약서 작성' 부분에서 설명하도록 하겠습니다.

7. 계약서 사인 및 계약금 송금

'클로징 & 계약서 작성' 부분에서 설명하도록 하겠습니다.

8. 중도금(생략 가능)

중도금은 계약 조율 과정에서 있는 경우도 있고, 없는 경우도 있어요. 계약금 후 바로 잔금인 경우도 많습니다. 중도금을 하는 이유는 크게 2가지로 나뉘는데, 첫째는 매도·임대인이 잔금 전 특정 기한까지 돈이 필요하기 때문이에요. 둘째는 일부러 계약을 마음대로 깨지 못하게 하려고 중도금을 거는 경우도 있습니다.

계약할 때 계약금만 넘어간 상태에서는 계약금을 해약금으로 해서 일방이 계약을 해지할 수 있지만, 중도금이 넘어간 이후로는 일방이 원한다고 해도 합의가 되지 않으면 해약금 지급 방식으로는 계약 해지를 할 수가 없어요. 그래서 일부러 중도금을 넘기기도 합니다.

9. 잔금(이사)

잔금 날은 계약 때만큼 챙겨야 할 것이 많아 바쁩니다. 관리비 정산도 해줘야 하고 문제없이 이사 나오고 들어가는 것도 체크해야 합니다. 포장이사는 대부분 오전 8시에 짐을 싸기 시작해서 12시 전후로 나갑니다. 이삿짐센터 직원분들은 식사를 하고 오후 1~2시경 새로운 집에 짐을 풀어요. 실제 경우의 수는 훨씬 다양하기는 하지만 이 시간을 기준으로 잡고, 나가는 이삿짐과 들어가는 이삿짐 간의 동선이 겹치지 않도록 양측에 안내 및 확인해줍니다.

아파트나 지식산업센터처럼 집합건물이라면 관리사무소에서 공과금 정산을 해줍니다. 비용을 확인해 기존 사용자가 낼 수 있도록 하거나 다음 사용자에게 승계합니다. 선수 관리금과 장기수선충당금도 체크해서 해당하는 사람에게 챙겨줍니다. 사실 관리비나 공과금 정산은 공인중개사 의무는 아닌데, 고객의 편의를 위해 서비스로 해주는 것이 관례입니다.

집합건물이 아닌 일반건물은 관리사무소가 없어 공과금이 관리비에 포함되는 경우도 있고, 개별로 내는 경우도 있어요. 내용을 파악한 뒤 도시가스(지역별로 전화번호 다름), 전기(☎123), 수도(☎120)세를 문의해 계량기 검침 숫자를 불러줘서 정산을 돕습니다.

만약 이사할 곳이 공실인 경우, 잔금 전 세입자가 미리 짐을 놓고 싶어 한다든가, 매수자가 새로 인테리어를 하고 싶어 하는 경우도 있어요. 이 부분은 소유자와 잘 상의해 피해가 없도록 합니다. 짐을 미리 놓고는 잔금을 치르지 않고 잠적을 한다거나 잔금전 인테리어 공사를 허락해줬는데 공사 중 하자를 발견했다며 책임을 물을 수가 있어요. 이런 부분도 무조건 된다, 안 된다 하기는 애매하니 상황에 따라 소유자와 함께 상의하고 판단해야 합니다.

보통은 잔금 때 중개보수를 받습니다(계약 시 100% 받는 중개사무소도 있고, 계약 시 50%, 잔금 시 50% 받는 중개사무소도 있어요). 공인중개업은 현금영수증 의무 발행업이에요. 따라서 중개보수를 받았다면, 사업자 유형에 상관없이 현금영수증을 의무 발행하고 출력해서 계약서 보관 시 함께 보관하는 게 좋아요. 구청에서 중개사무소에 단속을 나올 때가 있는데 이때 현금영수증 미발행으로 걸려 과태료 내시는 분을 몇 번 봤어요(고객이 법인 또는 사업자라 세금계산서를 발행했다면 현금영수증은 발행 안 해도 됨).

10. 사후 처리

잔금 후 중개보수까지 받았으면, 그 이후로는 무소식이 희소식입니다. 다 끝났는데 휴대폰에 고객의 번호가 뜨면 일단 긴장부터 됩니다. 잔금 및 중개보수를 받는 절차가 끝나면 차갑게 돌아서는 중개사들도 많습니다. 이를 욕하는 사람들도 있지만 경험해보니 이해가 가는 부분도 있습니다. 중개사무소는 중개해주는 곳이지, 문제가 생겼을 때마다 전화를 받는 콜센터가 아니니까요. 이 부분에 대해서는 중개사가 적당히 끊을 줄도 알아야 끌려다니지 않아요.

중개대상물 확인설명서에 나오는 내용은 중개사가 고객에게 필수로 체크해줘야 하는 내용이기에 성실하게 체크하고 설명해줘야 합니다. 하지만 간혹 그 이상의 모든 것을 중개사가 확인하고 체크해주기를 바라며 책임을 물을 때가 있습니다. 이럴 때는 고객의 이야기를 잘 들어주고 공감해주며 해결해줄 수 있는 것은 해주되 너무 모든 것을 책임져야 한다는 부담은 깃지 않아도 됩니다. 이 일을 계속하고 싶다면요.

애초에 계약서를 작성할 때, 추후에 발생할 수 있는 가능성에 대해 오픈하는 것도 한 방법일 수 있어요. 예를 들어 노후 건물을 계약할 때, 중개사와 고객이 함께 확인했을 때는 보지 못했지만 안 보이는 미세 결로나 누수는 있을 수 있다고 설명하고 확인설명서에도 기입합니다. 중개사도 신이 아닌 사람이니 눈에 안 보이는 부분까지 완벽하게 볼 수 없고, 또 기존 세입자가 있는 경우 짐이 빠지고 상태를 한 번 봐야 함을 대놓고 언급하기도 합니다. 당황할 수는 있으나 이해할 수 있는 범위이기 때문에 대부분 이해합니다. 이렇게 미리 이야기해놓으면 나중에 사소한 일로 연락이 오는 일도 적고, 연락이 온다 한들 불쾌하지 않게 오는 편이에요.

저는 '호미로 막을 것을 가래로 막는다'라는 속담을 항상 염두에 두고 일해요. 고객에게 큰 문제가 될 만한 일을 계약 욕심으로 절대 속이지 않고요. 몰라서 고지를 못 했을 수는 있어도 정말 신의, 성실의 원칙에 따라 진심으로 일합니다.

필수서류
3종

공인중개사라면 다른 것은 몰라도 이 3가지 종류의 서류는 잘 볼 수 있어야 해요. 물론 어려운 내용이나 복잡한 내용이 나올 때는 있지만, 이 서류들의 기본적인 내용을 파악하는 것이 공인중개사의 기본 소양입니다. 어떤 서류들이 있는지 제가 체크하는 순서대로 적어볼게요.

1. 건축물대장

매물이 접수되면 가장 먼저 열람하는 서류는 건축물대장입니다(토지 매물 접수인 경우 제외). 정부24나 세움터 사이트에서 열람 및 출력이 가능해요.

세움터가 발급하기에 훨씬 간편해서 '세움터' 사이트를 추천합니다.

세움터: https://www.eais.go.kr/

(출처 : 세움터)

세움터 사이트에서 로그인(인증서 로그인 필요 없어요)하시고 '민원서비스' → '건축물대장발급'을 누르시면 됩니다. 주소창에 지번 또는 도로명주소를 치면 유사 주소가 나오니 맞는지 확인하시고 해당 주소를 클릭하시면 됩니다.

혹시라도 여기서 주소가 자동으로 뜨지 않으면,

아래 도로명주소로 조회 또는 지번으로 조회 누르시면 직접 입력할 수 있어요. 정부24에서 건축물대장을 뗄 때는 집합건물·건물·표제부 등의 세부 정보를 정확히 입력해야 검색이 되는데, 세움터는 주소만 정확하면 무조건 일단 다 나와서 굉장히 간편합니다. 저는 세움터를 몰랐던 초반 1년 동안 건축물대장을 발급할 때마다 헤매고 고생했어요.

건물과 집합건물의 차이를 설명해드리도록 할게요.

일반 '건물'은 내부 호실에 각각 별도 등기가 없고 소유자가 동일하며 통째로 등기가 나 있는 건물(ex. 단독주택, 꼬마빌딩)이고, '집합건물'은 아파트처럼 개별 호실마다 소유자가 다 다르고 등기도 호실마다 나오는 부동산의 집합체(ex. 아파트, 지식산업센터)를 집합건물이라고 해요.

- **(일반)건물** : 근생주택, 다중주택, 단독주택, 다가구주택, 올(all) 근생 건물, 단독 공장 등
- **집합건물** : 아파트, 지식산업센터, 다세대주택, 오피스텔, 도시생활형주택, 생활형숙박시설 등

(1) (일반)건물

내가 확인하고자 하는 건물이 일반 '건물'이면 세움터에서 주소를 조회했을 때 아래와 같이 표제부, 전유부의 구분 없이 일반건축물 1건으로 나와요. 이 한 건의 대장에 이 건물 전체에 대한 내용이 대략적으로 다 나옵니다.

(출처 : 세움터)

(2) 집합건물

만약 내가 중개하고자 하는 대상물이 아파트와 같은 '집합건물'이라면 주소를 검색했을 때 다음과 같이 표제부와 전유부가 함께 나와요.

(출처 : 세움터)

제가 검색한 주소는 표제부 1건과 전유부 330건으로 나오네요. 해당 지번의 주소에 건물 1개가 있고, 그 건물 내에 구분 등기된 호실이 330개라는 의미예요.

- **표제부** : 건물 전체에 대한 개요 – 대지면적, 연면적, 건축면적, 층수(B3~12F), 주차 대수, 승강기 대수, 사용승인일 등을 알기 위해서는 표제부를 떼봐야 해요.
- **전유부** : 해당 호실에 대한 개요 – 전용면적·분양면적(계약면적), 소유자 정보, 소유권 변동일, 위반건축물 유무 및 내용, 건축물 용도(근생인지, 주택인지, 공장인지 등)를 알기 위해서는 전유부를 확인해야 해요.

같은 건물 내에서도 층마다 호실마다 용도가 다를 수 있어요(예를 들어지식산업센터 건물의 1~2층은 근생이고, 3층 이상은 보통 공장이에요. 또 도시생활형주택과 근생, 오피스텔이 한데 섞인 건물도 많아요).

물건을 파악해서 손님에게 정확하게 브리핑하기 위해서 공인중개사는 건축물대장을 정확하게 볼 줄 알아야 해요. 또 이 서류를 참고해 계약서와 확인설명서를 작성하게 됩니다.

2. 등기사항 전부 증명서

등기사항 전부 증명서는 중개사라면 수시로 자주 떼봐야 하는 필수 서류죠. 무료로 열람할 수 있는 건축물대장과 달리 등기사항증명서는 유료입니다. 한 건의 계약을 진행할 때 등기사항증명서를 최소 3번은 새로 열람하게 됩니다. 매물을 접수받았을 때 한 번, 계약일에 한 번, 잔금날 한 번이에요.

(출처 : 대한민국 법원 인터넷등기소)

인터넷등기소 - http://www.iros.go.kr/

인터넷등기소 사이트에서 회원가입 후 로그인 하시고 부동산 등기 → 열람/서면 발급을 누르시면 됩니다. 열람하기(700원)와 발급하기(1,000원)의 두 종류가 있는데 그냥 열람하기로 해도 충분해요! 발급하기는 관공서에 제출할 일 있을 때나 필요하고, 실무에서는 99% 열람하기로 떼서 출력 또는 저장합니다.

(출처 : 대한민국 법원 인터넷등기소)

부동산 구분이나 시/도 등기기록 상태 등 아무것도 건드리지 마시고 그냥 주소만 입력하고 검색하면 됩니다. 빈도가 많지는 않지만 공동담보목록이나 매매목록이 존재한다면 확인해줘야 하기 때문에 주소 창 아래에 있는 □공동담보/전세목록 □매매목록을 체크해서 같이 확인하는 게 좋아요.

주소를 넣고 검색을 누르시면 밑에 해당 등기 목록이 나오는데요. 건축물대장과 마찬가지로 (일반)건물인지, 집합건물인지에 따라 다음과 같이 다르게 나와요.

• 일반건물 : 건물등기 + 토지등기

부동산 고유번호	구분	부동산 소재지번	지도보기	상태	선택
1114-1996-	건물	서울특별시 마포구 독막로 [신수동]	보기	현행	선택
1114-1996-	토지	서울특별시 마포구 신수동	보기	현행	선택

• 집합건물 : 토지등기 + 집합건물 호실별로 여러 개의 등기

부동산 고유번호	구분	부동산 소재지번	지도보기	상태	선택
1114-1996-	토지	서울특별시 마포구 신수동	보기	현행	선택
1114-2002-	집합건물	서울특별시 마포구 백범로 76 [신수동]	보기	현행	선택
1114-2002-	집합건물	서울특별시 마포구 백범로 76 [신수동]	보기	현행	선택
1114-2002-	집합건물	서울특별시 마포구 백범로 76 [신수동]	보기	현행	선택
1114-2002-	집합건물	서울특별시 마포구 백범로 76 하[신수동]	보기	현행	선택

(1) 일반건물의 경우

건물등기와 토지등기까지 함께 확인해줘야 합니다.

건물과 토지의 소유자가 일치하는지, 근저당이나 전세권 설정, 가압류 등은 없는지 확인해야 해요. 돈 아깝다고 건물등기만 떼서 확인하시는 중개사분들도 있는데, 가압류나 근저당, 전세권 등이 건물보다 토지에 설정된 경우가 많아요. 중개대상물 확인설명서에도 분명히 둘 다 확인해서 적어야 하는 칸이 있습니다. 공인중개사의 확인 설명 책임이 있는 부분이기 때문에 반드시 건물, 토지등기를 둘 다 떼서 확인해주세요.

저도 사실 원·투룸, 전월세 물건이 접수되었을 때는 건물등기만 떼서 확인하곤 했어요. 그런데 막상 계약일 당일에 토지등기를 떼보니 토지에 가압류가 걸려 있거나 전세권이 설정되어 있거나 근저당이 많이 설정되어 있어 당황한 적이 있어요. 결론적으로 문제가 될 일은 아니어서 그대로 고지하고 진행하기는 했지만, 이런 당황스러운 일이 없도록 일반 건물이라면 미리미리 토지등기까지 확인해주세요.

(2) 집합건물의 경우

집합건물의 토지는 대지권으로 바뀐 상태기 때문에 굳이 확인하실 필요는 없지만, 내가 처음 받아본 매물일 경우에는 체크하는 차원에서 토지등기도 한 번 정도 떼보시면 좋아요. 나중에 일을 오래 하시다 보면 이것은 떼볼 필요도 없다는 감이 오지만, 저는 왕초보 시절에는 등기를 떼서 확인하는 데 돈을 정말 안 아꼈어요.

대략적인 소유자 파악이나 건물 개요는 무료로 열람 가능한 건축물대장만 떼봐도 알 수 있어요. 중개사 업무 스타일마다 달라 매물 접수를 받을 때마다 굳이 매번 등기를 떼지 않는 분들도 있어요. 하지만 가계약금이나 계약금이 넘어가기 전에는 당연히 꼭 확인해야 합니다.

서류들에 관해서는 나중에 알아서 생략할 것은 생략하게 되니 초보 시절에는 마음대로 생략하지 말고 FM대로 꼼꼼하게 다 떼어보고 확인하며 공부하는 습관이 중요해요.

| 집사임당's 파일 정리 방법 |

매물이 한두 건이 아니다 보니 나중에는 매물정리가 안 되면 힘들 수 있어요. 제가 물건 DB와 파일들 정리하는 방법을 소개해보겠습니다.

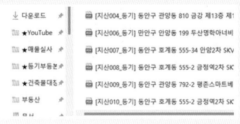

(출처 : 저자 작성)

저는 건축물대장이나 등기사항증명서를 출력하지 않고 폴더별로 나누어 파일로 저장해놔요(출력 단계에서 프린트 대신 'PDF로 저장'을 클릭하면 저장할 수 있어요).

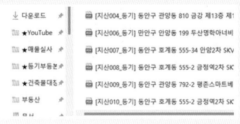

(출처 : 저자 작성)

Q 등기사항증명서를 출력하지 않고 파일로 저장하는 이유?

A 네이버 부동산에 소유자 확인 매물로 광고를 올리기 위해서는 90일 이내에 발급된 등기사항증명서를 첨부서류로 업로드해야 되는데요. 네이버는 한번 광고를 올리면 30일 이후 자동으로 광고 종료가 되기 때문에 거래가 완료된 게 아니라면 보통 다시 올리게 될 일이 많아요.

그래서 처음 매물 접수를 받을 때부터 이렇게 정리해놓으면 30일 이내에 광고를 다시 올릴 때 미리 저장해놓은 등기사항증명서를 그냥 업로드하면 됩니다. 매번 새로 발급하거나 스캔, 사진 작업을 안 해도 되고 찾기도 훨씬 편합니다. 출력할 필요도 없고 파일로 저장해두면 필요시 그때그때 확인하고 DB로 정리해둡니다.

고객에게 확인해 제시해야 할 때만 새로 열람하여 출력하는 편이고, 보통은 파일로 저장해두고 필요시 체크합니다.

출력하는 단계에서 프린터 모델명 대신 'PDF로 저장' 또는 'Print to PDF'를 선택해 인쇄 버튼을 누르시면 파일로 저장되어요.

3. 토지이용계획확인서

토지(땅)에 대한 규제, 용도 관련 내용은 토지이음에서 확인할 수 있어요. 사실 원·투룸이나 오피스텔, 아파트 등의 집합건물 전월세 계약 시에는 토지에 관한 내용 자체가 크게 중요하지는 않아요. 하지만 토지나 건물매매 시에는 가장 중요한 부분이기도 하고, 일반적인 매매 계약시에도 중요한 사안이 될 수 있어요. 그리고 매매계약을 할 때는 공인중개사가 토지에 대한 내용을 확인해서 설명할 의무(중개대상물 확인설명서에도 기입해야 함) 또한 있기 때문에 중개사라면 필수로 볼 줄 알아야 하는 사이트이자 서류입니다.

토지이음 - http://www.eum.go.kr/

토지에 관한 기본적인 내용은 국토교통부에서 만든 토지이음 사이트에서 확인합니다.

주소만 넣으면 아래 주소가 딸려 나오고 주소 클릭 후 열람 누르시면 됩니다! 간단하죠? 필지별로 열람이 가능합니다.

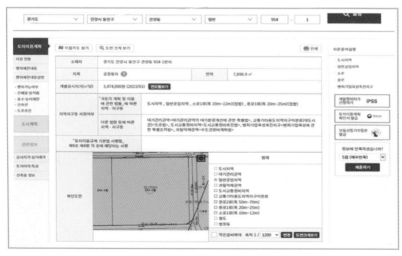

공법 시간에 많이 배웠던 토지에 관한 내용은 대부분 여기 다 있다고 보시면 됩니다.

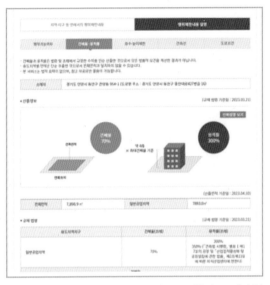

(출처 : 토지이음)

행위 제한에 대한 내용 및 설명, 건폐율·용적률도 주소만 입력하면 이렇게 다 나와요. 다만 토지나 건물 매매와 같이 건폐율·용적률이 굉장히 중요한 계약을 할 때는 사이트에 나온 내용과 실제가 조금 다를 수도 있으니 꼭 지자체(시·군·구청)에 물어보고 진행하셔야 합니다.

저는 원·투룸 월세를 계약할 때도 이 서류까지 다 출력해 계약서 파일에 드려요. 사실 임대차계약 때는 토지이용계획확인서는 별로 필요 없는 서류라고 생각됩니다. 그렇지만 그냥 저의 업무 습관이기도 하고, 출력하면 저도 계속 확인하게 되어 임대차계약 시에도 다 뽑아드려요. 건물 밑으로 지나가는 지하철노선 라인까지 다 나와서 보는 재미도 있

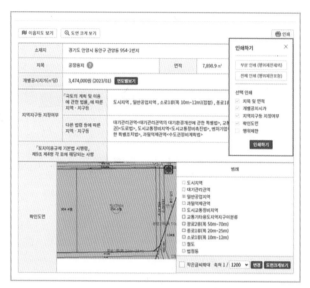

(출처 : 토지이음)

어요(사실 임대차는 이런 서류 잘 챙기는 것보다 관리비 정산, 청소 상태, 벽지 상태 같은 실사

용에 대한 부분을 더 잘 체크해주는 것이 현실적으로 중요하기는 합니다).

TIPS!

'토지이용계획확인서'를 출력하실 때는 행위제한은 체크 안 된 상태로 하세요(체크하면 페이지 너무 길어짐 주의)! 행위제한을 체크 안 한 상태로 출력하면 1장짜리 토지에 관한 내용이 나오고, 이것을 계약서 파일에 함께 넣어주시면 됩니다.

부동산
가격이란?

내가 중개하는 지역의 부동산 시세를 줄줄이 읊을 수 있으면, 그 사람은 진정한 지역 전문가가 아닐까 싶습니다. 부동산은 비교의 영역이에요. A와 B의 조건이 비슷한데 B가 더 싸면, B가 좋은 물건이에요. 그래서 부동산에는 물건의 '가격'을 말하는 여러 가지 단어들이 존재합니다.

1. 호가 : 네이버 부동산(https://land.naver.com/)

매도자나 임대인이 받고 싶은 가격을 말해요. 네이버 부동산에 올라와 있는 가격들은 다 호가예요. 매도자가 부동산을 팔아서 받고 싶은 가격인 거죠. 부동산을 잘 모르는 사람들은 네이버에 호가를 보고 집값이 올랐다고 생각하기도 해요. 물론 호가도 중요하기는 하지만 호가는 받고 싶은 가격일 뿐입니다. 일부러 집값이 안 내려가게 높은 호가를 계속 올려두는 중개사무소도 있어서 가끔 욕을 먹기도 하지요. 그럼에도 호가는 호가일 뿐입니다.

2. 실거래가 : 실거래가 공개시스템(http://rtdown.molit.go.kr/)

제일 객관적이고 중요한 가격입니다. 매도자와 매수자, 또는 임대인과 임차인이 가격조정을 거쳐 합의되어 실제로 계약이 체결된 후 신고된 가격을 말해요. 3억 원에 매도하겠다고(호가) 말했어도 2억 8,000만원에 계약되었다면 2억 8,000만 원이 실거래가가 되겠죠.

실제 특정 시점의 부동산의 가치는 '실거래가'가 증명해줍니다. 일정기간 동안 최고로 높은 가격에 실거래가 떴다면, '신고가'라고 하고 제일 낮은 가격에 실거래가 떴다면 '신저가'라고 합니다(주식에서 쓰이던 용어인데 부동산에서도 쓰입니다). 물론 실거래가를 가지고 장난치는 사람들도 있어요. 시세가 4억 5,000만 원인데 5억 원에 직거래 후 실거래가로 신고해서 신고가를 만들어놓고 몇 달 뒤 취소하죠. 요즘은 국토교통부에서 단속도 많이 하고 있고 호갱노노나 아실이라는 사이트에 바로바로 노출되기 때문에 이런 비정상 거래는 소비자들도 쉽게 알 수 있습니다.

아무튼 시장이 어찌 돌아가고 있는지를 보려면 금리와 더불어 거래가 하나도 없다가 갑자기 툭 튀어나온 신고가보다는 꾸준히 증가하는 거래량과 실거래가를 계속 확인하는 것이 중요합니다.

3. 시세 & KB시세 : https://kbland.kr

시세란 일정한 시기의 물건값이라는 뜻인데, 예전 인터넷이 발달하지 않았던 시기에는 동네 복덕방에서만 이 시세를 정확히 알 수 있었어요. 그래서 가격을 조율하는 데 부동산 중개사의 입김이 단단히 한몫했어요. 그런데 정보의 발달과 더불어 KB국민은행이라는 공신력 있는 기관이 KB시세를 도입하게 되면서 좀 더 믿을 만한 가격 데이터가 생겨났어요.

KB시세는 아파트 구입 시에도 중요하고, 전세보증보험 가입 시에도 중요합니다. 주택 담보 대출이나 전세보증 보험 가입 시 주택가격에 대한 기준은 KB시세나 한국부동산원 부동산테크 시세(1순위) → 공시가격 (2순위) → 감정평가(3순위) 순으로 적용되어요(단, 모든 부동산에 KB시세가 있는 것은 아니고 아파트나 대단지 오피스텔 등의 일정 규모 이상의 집합건물에 한해서만 가격 정보를 제공합니다).

| 참고 : KB시세 조사 기준 |

1. 매주 월요일을 기준으로 단지별 조사. 공인중개사 사무소에서 조사가격을 직접 입력하면 적정성을 검토한 후 입력한 가격의 평균가격을 산출해 공표
2. 면적별로 조사. 공인중개사나 인근 중개사에서 거래가 이루어진 실거래가, 국토교통부에서 게시한 실거래가를 기준으로 조사하는 것을 원칙으로 하며, 실거래가 없는 경우 거래사례비교법을 활용해 조사 기준일 현재, 시장에서 정상적으로 거래 가능한 가격을 조사

3. 실거래 사례 없이 매도인 또는 매수인 일방의 호가만을 반영하지 않으며, 실거래 사례가 있더라도 특수 관계인 간의 거래, 개별적 사정에 의한 급처분, 인테리어 상태에 따른 가격 변동 등 특이한 사례는 제외 후 적정가격을 입력함.

공신력 있는 기관에서 제공하는 정보는 정확하지만, 시차가 존재할 수밖에 없습니다. 실거래가는 실제 계약이 이루어지고 최대 한 달 후 반영되기도 하는데, KB시세는 그보다도 더 늦게 반영되기 때문이에요. 급변하는 상승장이나 하락장에서는 어제오늘 가격이 다르기 때문에 중개사무소 사장님에게 나온 한마디, 한마디가 곧 기삿거리가 되기도 해요. 또 중개사무소 사장님들이 "이번에 ○○아파트 KB시세가 너무 낮게 나왔어! 이거 이 정도 시세가 맞는데…"라는 이야기를 하시기도 합니다.

KB시세는 각종 대출과 보증보험 시 절대적으로 중요한 지표가 되니 꼭 체크해주세요.

4. 공시가격 - 공시지가/공동주택 공시가격/단독주택 공시가격/기준시가/시가표준액

구분		공시주체	관련 화면 이동
공동주택	2005년 까지	국세청장	공동주택 기준시가 조회
	2006년 부터	국토교통부장관	
단독주택		지방자치단체장	국토교통부 부동산 공시가격 알리미 사이트
토지			
비주거용 부동산	오피스텔 및 상업용건물	국세청장	오피스텔 및 상업용 건물 기준시가 조회
	그 외		건물기준시가(양도)
			건물기준시가(상증)

(출처 : 국세청 홈택스)

공시가격이란 정부가 조사·산정해 공시하는 가격이자 부동산 가격의 지표가 되는 가격을 말합니다. 부동산 종류별로 나누어져 토지는 공시지가, 주택 중에서 공동주택이면 공동주택 공시가격, 단독주택이면 단독주택 공시가격, 비주거용 상업용 건물이면 기준시가(국세의 과세 기준), 또는 시가표준액(지방세의 과세 기준)으로 공시되어요.

• 정확히 설명하자면, 기준시가나 시가표준액이라는 것은 주거용이든, 상업용이든, 토지든 상관없이 국세, 지방세의 과세 기준 가액이에요. 그런데 주택의 경우에는 국토교통부에서 별도로 제공하는 주택 공시가격 알리미 사이트가 있다 보니 우리 중개사들이 '주택가격을 확인하려고' 기준시가나 시가표준액을 조회할 일은 별로 없어요. 기준시가나 시가표준액은 오피스텔이나 비주거용 부동산 가격을 확인하기 위해서 조회하는 경우가 많습니다.

┃ 공시가격의 종류 – 확인 사이트 ┃

1. 공시지가 : 토지의 ㎡당 가격 – http://www.eum.go.kr/
2. 공동주택 공시가격 : https://www.realtyprice.kr/에서 주택 → 공동주택 공시가격
3. 단독주택 공시가격 : https://www.realtyprice.kr/에서 주택 → 개별단독주택 공시가격
4. 기준시가 : 국세청이 고시하고 있는 오피스텔 및 상업용 건물 기준시가 조회 : https://www.hometax.go.kr/에서 조회/발급 → 기준시가 조회에서 해당하는 것 클릭
5. 시가표준액 : https://www.wetax.go.kr/에서 지방세 정보 → 시가 표준액 조회

5. 감정가

감정가는 감정평가사에 의해 평가되고 산정된 가격을 말하는데, 보통 경매나 재개발·재건축 또는 건물 매매 시 활용됩니다. 그런데 최근 전세 사기의 원인 중에 이 감정가가 문제가 된 경우가 많았어요. 주택 임대차계약 시 주택가격의 범위 내에서 전세보증보험 가입이 가능한데, 이때 '주택가격'을 산정하는 방식에 '감정가'도 포함이었어요(물론 지금도 포함되긴 하지만 현재는 우선순위 적용으로 바뀌었습니다).

예전에는 KB시세, 공시가격, 감정가 중 우선순위 없이 아무거나 선택해 주택가격으로 정할 수 있었어요. 이를 악용해 감정평가사에게 웃돈 주고 감정가를 높게 받아 주택가격을 띄워 놓고 전세가를 비싸게 받아 분양하는 경우가 많았어요. 예를 들어, 실제 시세는 3억 원 정도인데 감정가를 4억 원으로 받아 전세를 3억 5,000만 원에 맞추는 거죠. 전세가가 상승하는 시기라서 가능하기도 했고 특히나 시세를 알기 힘든 빌라, 오피스텔 신축 분양 시 많이 행해지던 방법이었어요. 현재는 보증보험 가입 시 주택가격에 감정가를 적용하려면, KB시세나 공시가격이 존재하지 않는 주택에 한해서만, 그것도 보증보험사에서 선정한 감정평가기관을 통해서만 받을 수 있어요. 보증보험 가입요건에 대한 내용은 종종 바뀌기 때문에 필요한 시점에 주택도시보증공사등의 사이트에서 보증 내용에 대해 다시 한번 확인 하시기 바랍니다.

부동산 중개를 업으로 하는 우리 공인중개사들에게는 모두 중요한 가격 지표이니 잘 알아두시면 좋겠습니다.

VI

매물
확보하기

온라인으로
매물 따기

1. 유료 매물 플랫폼

매물이 있어야 광고를 올리고 손님을 모으고 계약을 할 텐데, 처음 개업하면 매물이 하나도 없으니 곤란합니다. 이럴 때 잘 활용하면 좋을 유료 매물 플랫폼들입니다. 정말 좋은 매물을 찾겠다는 기대보다는 일단 광고를 올리기 시작해야 그 광고를 보고 손님 콜뿐만 아니라 새로운 매물들이 들어온다는 것을 기대하고 이용하시는 것이 좋아요. 처음에는 뭐가 좋은 매물인지 감도 없기 때문에 최대한 여러 매물을 보며 분석하는 눈을 기르는 게 좋아요. 개업 초기에는 이용할 수 있다면 적극적으로 활용하기를 추천합니다. 우선 어떤 플랫폼들이 있는지 하나씩 보면서 자세히 설명할게요.

(1) 온하우스 - https://onhouse.com/

온하우스 공실정보 이용권 안내

· 월 정기결제 방식의 부담없는 서비스 이용가능
· 서울 + 경기 + 인천지역 공실정보(임대,매매) 제공 (서울 31,412건 / 경기 4,207건 / 인천 1,456건)
· 서울지역 건물 통매매(양타)정보 추가제공 (서울 798건 4/12일 기준)

상품안내/월　　　　　　　　　　　　　　　　　　　　　　　가입문의 : 1600-8889

약정기간	금액/월	아이디추가
3개월	99,000/월	
6개월	93,500/월	(22,000/월) 최초결제시 모든직원계정 1개월 무료혜택 제공
12개월	88,000/월	

사이트의 운영 정책은 변경될 수 있으니 홈페이지에서 확인해주세요.(출처 : 온하우스)

원·투룸 매물 DB는 직방의 브랜드 파트너인 온하우스가 가장 많이 보유하고 있어요. 저도 원·투룸을 취급할 때는 온하우스로 매물 정보를 받아서 다시 직방에 광고를 올려 계약을 정말 많이 했었어요. 과거에는 온하우스 매물 열람은 무료였으나 현재는 유료로 바뀌었어요.

가끔 아파트나 건물 매매 건도 나오긴 하는데 온하우스 주력 상품은 원·투룸, 상가, 사무실 임대매물이에요. 2022년까지만 해도 무료여서 정말 잘 사용했는데 올해 초부터 유료로 바뀌어서 현재는 그 매력이 조금 줄었어요. 사이트에 가입해놓으시면 가끔 일주일 무료 체험 기간 이벤트 공지가 올라오기도 하니까 그때 한번 체험해보면 좋아요.

단점이 있다면, 지역별로 매물 개수 편차가 좀 심해요. 서울 중심지 매물이 제일 많고, 그다음이 경기도 순이며 지방으로 갈수록 없어요. 그래서 내 지역 주변에 매물 개수가 많으면 할 만하지만, 그렇지 않으면 유료로 사용하기는 조금 아쉽습니다. 매물 확인은 사이트는 결제 없이 확인할 수 있으니 체크해보시기를 바랍니다(가입하면 카카오톡으로 신규 매물 알림이 옵니다).

(2) 자리톡 공실 해결 - https://zaritalk.com/

이깃은 카카오톡 채널을 추가하면 알림톡으로 매물 정보를 오픈해 주는 사이트인데요. 휴대폰으로 들어가서 부동산 중개인으로 가입하고 사무소 주소지 정보를 입력하면 그 주변으로 가끔 매물이 나오면 알려 줍니다.

없는 것보다는 낫긴 한데 가뭄에 콩 나듯 오기 때문에 너무 큰 기대 는 하지 마시고 어차피 공짜고 신경 쓸 일도 크게 없고 하니 깔아두셔 서 가끔 매물 정보를 받아보시면 좋겠습니다. 마찬가지로 서울의 매물 이 가장 많습니다.

(3) 공실클럽 & 공실닷컴
- https://www.gongsilclub.com/ & http://www.gongsil.com/

강남권에서 중개업을 하시는 분들은 아마 대부분 이용하시는 사이트 일 거예요. 강남 매물이 압도적으로 많은데, 저는 강남에서 중개를 하지 않기 때문에 이야기만 많이 들었고, 무료체험 7일 정도 했었는데 크게 유의미한 수확을 거두지는 못했어요.

한국공인중개사협회 사이트 구인 메뉴에서 주소지를 '서울시 강남구'로 해놓고 몇 개의 구인 광고를 클릭해보면, '공실닷컴, 공실클럽 무상제공'이라는 내용을 심심치 않게 접할 수 있어요. 그만큼 모두가 다 공유하고 보는 그런 유료 매물 정보라고 생각하시면 됩니다. 누가 더 얼마나 손님을 잘 끌어오는지의 싸움이겠지요.

매물이 많다는 것은 중개업을 하기 좋은 환경이지만, 그만큼 경쟁도 치열합니다. 처음 가입할 때 상담원에게 문의하면 무료 체험 기간을 주니 한번 체험해보시고 결정하세요.

다른 매물 정보 사이트들이 더 있을 수도 있으나 제가 사용해본 곳들 중 온하우스, 공실닷컴, 공실클럽, 이 세 군데가 가장 규모가 큰 곳이었어요. 한번 비교해보시고 조건이 괜찮다면 사용해보세요!

'남들도 다 가진 매물! 경쟁만 치열하고 쓸모없는 거 아냐?' 싶을 수도 있지만, 손님에게 비교해줄 수 있도록 매물은 많으면 많을수록 좋아요. 또 가장 중요한 사실은 '매물이 매물을 부르기 때문'에 매물 광고를 꾸준히 올리면 새로운 좋은 매물이 들어온다는 것이에요.

네이버, 유튜브, 블로그 어디에 매물을 광고하든 매물 광고에는 내 부동산 사무실 정보도 함께 따라다니기 때문에 내 매물 광고가 여기저기 노출되어 있으면, '아, 여기 이 부동산 중개사무소에서 이런 매물을 취급하는구나!' 하면서 또 매물을 내놓게 되어 있어요. 내 주변의 매도인·임대인들도 '요즘 시세는 어떤지', '얼마에 내놔야 할지' 등 필요시에 검색을 한 번씩은 해보기 때문에 무조건 노출이 많을수록 좋아요. 초반에는 내 사무실 주변에서 최대한 많은 매물을 받아 직접 가서 확인하고, 광고도 이렇게 저렇게 올려보면서 시행착오를 겪으며 내가 주력으로 어떤 마케팅을 할지 방향을 잡아가는 것이 좋습니다. 네이버 부동산 광고는 일단 기본이고요.

단, 내 사무실과 너무 먼 곳의 매물은 너무 큰 정성을 들이지 않는 것이 좋아요. 너무 먼 곳은 내가 가서 직접 확인하기도 쉽지 않고, 힘을 들인 것에 비해 성과가 별로 없어요. 손님이 무조건 나랑 계약을 할 것이라는 확신이 있는 경우, 먼 거리까지 가서 중개하는 경우도 있기는 하지만, 확률상 성공보다는 실패가 훨씬 많아요. 그래서 저는 먼 곳에서 매물이 접수되어도 기록만 해놓고 최대한 그 유혹(?)을 참으려고 합니다. 멀리까지 가서 시간 쓰고 돈 쓰고 허탕 치는 사이 정작 내 지역의 유효 손님을 놓칠 수도 있어요.

물론 가서 계약을 성공하는 경우도 있으니 뭐가 맞다, 틀리다 말할 수는 없지만 저는 제 지역에 집중하는 것이 좋다고 판단했어요. 중개업을 오래 하신 중개사분들을 보면 사무실 근방에서 크게 벗어나지 않으십니다. 먼 지역까지 가서 중개하시는 경우는 단골이라서 나한테만 계약할 전속 손님, 혹은 중개 영역이 넓을 수밖에 없는 토지, 시행부지, 빌딩 전문 중개사분들이었어요. 물론, 사람마다 차이가 있고 스타일도 다 다르겠지만, 제 경험상 결국은 내 사무실과 너무 먼 지역의 중개는 미련을 버리고, 내 사무실 주변의 물건에 집중하는 것이 실속이 있었습니다.

부동산 일을 시작한다고 하면 지인들이 너도나도 "나 거기 아는 사람 많은데…", "어~? 나 그 동네 사는 사람이랑 친한데…" 하며 소개를 시켜준다고 해요. 물론 감사한 말이지만, 현실적으로 큰 의미는 없고 지금 나온 내 매물, 지금 연락 온 내 손님을 잘 대응하며 계약을 성사시키는 것이 가장 중요합니다.

2. 네이버 지도와 네이버 부동산 이용해 매물 들어오는 시스템 만들기

우선 매물을 내놓으려는 사람의 입장을 잘 생각해봐야 합니다. 내가 사는 집이나 내가 영업하는 사업장을 매물로 내놓아야 한다고 하면 가장 먼저 무엇을 할까요? 중개사무소에 연락하겠죠. 그럼 중개사무소를 어떻게 찾을까요(이미 잘한다고 소문나서 유명한 중개사무소일 경우나 신뢰해 전속처럼 맡기는 중개사무소가 있는 경우는 차치하고 이야기합니다)?

내가 현재 있는 곳에서 지도를 켜서 '부동산' 또는 '중개사무소'라고 검색을 하거나 아니면, 네이버 검색 창에 '평촌 부동산', '신사동 중개사무소'처럼 '지역+부동산(중개사무소)'를 검색해서 먼저 뜨는 곳에 연락해서 내놓을 수 있습니다. 그럼 중개사무소를 검색했을 때 나의 중개사무소가 가장 먼저 뜨도록 만들려면 어떻게 해야 할까요?

바로 '네이버 스마트 플레이스'를 공략해야 합니다.

네이버 스마트 플레이스가 상위노출 되기 위해서는 여러 가지 방법이 있어요. 저도 아직 마케팅을 공부하는 입장이기 때문에 마케팅 전문가처럼 정답을 알려드릴 수는 없지만, 일차적으로 가장 중요한 것은 해당 홈페이지에서 요구하는 모든 정보를 빠짐없이 꼼꼼하게 기입해놓아야 해요. 사진도 최대한 많이 올리고 모든 가격 정보와 알림 등 한 곳도 빈 데가 없이 많이, 그리고 자세히 채워주시는 게 좋아요.

그리고 이것은 시간이 좀 필요한 일이지만 방문자 리뷰가 많을수록 좋습니다. 또 민약 블로그를 하고 있다면, 포스팅할 때마다 내 사무소 지도를 추가하면 내 스마트 플레이스에서 포스팅이 함께 연동되어 나오기도 하고 그 자체로도 효과가 있습니다. 다른 사람이 네이버 지도에서 부동산을 검색해서 내 사무소를 클릭해주는 것도 상위노출에 굉장히 좋습니다. 그래서 마케팅 수업을 함께 들은 공인중개사분들끼리 지도에서 '지역+부동산' 또는 '○○○역 부동산'을 검색해서 클릭해주는 협업을 하기도 해요. 여러 가지 방법을 숙지해서 꼭 적용하되 일부는 어느 정도 시간과 고객의 도움이 필요한 일입니다. 그러니 꾸준히 신경 써야겠죠!

그럼 스마트 플레이스 다음으로는 어떤 게 중요할까요? 혹시 지금 내 집을 내놓는다고 생각하면, 얼마에 내놓을지 숫자로 바로 나오시나요? 그렇지 않을 것입니다. 소유자라고 해도 우리 집 시세가 얼마인지, 얼마에 내놔야 하는지, 먼저 검색해보고 부동산 중개사무소에 내놓게 돼요. 물론 항상 시세를 체크하는 분들도 있겠지만, 본인 매물을 내놓기 직전에 네이버 부동산을 보고 다른 사람들은 어느 정도에 내놨는지 확인하고 비슷하거나 조금 높거나 낮게 내놓습니다. 그렇다 보니 이미 매물 광고를 올린 부동산 중개사무소에 전화해서 내놓게 되는 경우가 많아요.

결론은 네이버 부동산에 매물 광고를 하면서 동시에 내 사무소가 함께 상위노출 되는 게 제일 중요해요.

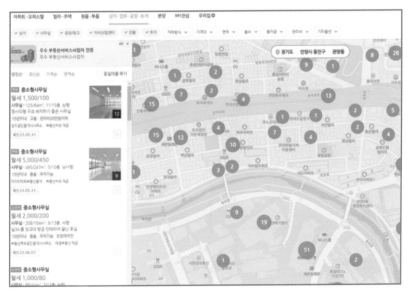

(출처 : 네이버 부동산)

네이버 부동산에서 상위노출 되도록 하는 것은 나한테 나온 매물 그 자체를 홍보하기 위한 목적도 있지만, 다른 소유자들에게 또 다른 매물을 받기 위함도 있어요.

그래서 내가 올린 광고들을 수시로 검색해보고 체크해보는 습관이 중요해요. 너무 밑에 묻혀 있으면 삭제하고 다시 위로(최신으로) 올리는 작업을 해야 매물 광고 효과뿐만 아니라 내 사무실도 함께 노출되어 또 다른 매물을 받을 수 있어요.

네이버 부동산 광고에 관한 내용은 뒤에서 더 자세히 다룰게요!

3. 파워링크 - https://searchad.naver.com

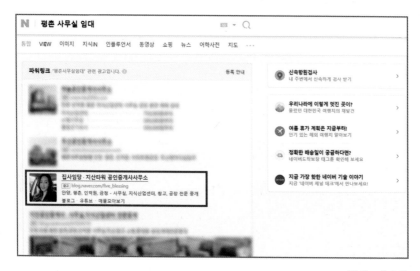

(출처 : 네이버)

파워링크란, 네이버에 특정 키워드를 검색했을 때 상위에 노출될 수 있도록 등록하는 유료 링크광고예요. 네이버에 '평촌 사무실 임대'라고 검색했을 때, 3번째에 제가 나오는 게 보이죠? 이렇게 건당 비용을 지불하고 네이버 화면 상단에 노출되게 하는 것이 파워링크예요(뒤에서 한번 더 자세히 다룹니다).

(출처 : 네이버)

제가 '평촌 사무실 임대'라는 키워드를 파워링크에 등록했기 때문에 고객이 그 키워드를 검색했을 때 제가 나오는 거랍니다. 파워링크는 매물을 얻고자 하는 손님들한테도 광고 효과가 엄청 좋지만, 매물을 접수하기 위해서도 좋아요.

다만, 파워링크는 검색해서 클릭하면 그때마다 돈이 차감되는 시스템이라 너무 많은 비용을 지출할 수 있어서 유효한 키워드만 설정해놓는 게 좋아요. 경쟁 부동산 중개사무소에서 일부러 막 누르기도 해서 하루 예산을 정해놓는 것도 중요하고요. 잘 사용하면 효자 노릇을 하지만, 잘못 사용하면 득보다 실이 많을 수 있으니 '매물 광고하기' 장에서 파워링크에 대해 설명한 내용을 잘 읽고 해보시기를 권장합니다.

4. 유튜브 & 블로그

네이버 부동산이든, 유튜브든, 블로그든 모두 손님만을 겨냥한 마케팅이라고 생각할 수 있는데 절대 그렇지 않아요. "매물이 매물을 불러들인다"라는 말을 여러 번 했지만 정말 그렇답니다. 내가 광고한 매물을 보고 '아, 이 부동산은 이 매물들을 다루는구나' 하면서 그 비슷한 종류의 매물들이 또 접수돼요. 그럼 손님 문의가 왔을 때 비교해줄 수 있는 매물들이 많이 생기고, 적합한 매물을 찾을 확률이 높아지며 이것이 계약으로 이어집니다. 물론 공동중개로 올라온 타 중개사무소의 매물도 함께 보여주기는 하지만, 내 매물이 많은 것이 여러모로 핸들링하기도 편하고 의견을 조율하기도 제일 좋아요.

만약에 당장 광고할 만한 마땅한 매물이 없다면 유튜브와 블로그는 어떻게 이용할 수 있을까요? 그럴 때는 블로그나 유튜브에 그 지역에 대한 임장기, 지역 정보, 단지 내 소개 영상 등을 올리며 매물 접수를 받고 있다는 내용을 어필하면 좋아요.

주변에 새로 입주하는 입주장이 있다면 특히나 효과를 볼 수 있을 만한 방법을 소개할게요.

　제가 기존에 하지 않았던 입주장이라 매물이 없을 때여서 유튜브에 신축아파트 랜선 임장기 영상을 촬영해서 올렸어요. 그랬더니 이 영상을 보신 고객님이 본인의 매물을 내놓으셨어요. 그 매물 내부를 촬영해 새로운 영상을 또 올렸는데, 해외 출장 중에 이 매물 영상을 보신 고객분에게 연락이 왔고, 본인이 해외에 있으니 대신 남편분을 보내셔서 제가 보여드리고 직접 계약까지 하게 되었어요(계약은 이 집 말고 다른 호실로 했습니다).

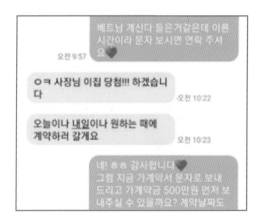

운이 좋게 영상을 올린 지 얼마 안 되어 바로 계약이 나왔던 케이스입니다. 유튜브를 통해서 했던 첫 계약이기도 했고요.

(출처 : 집사임당 유튜브)

신축 단지 내를 소개하며 둘러보는 랜선 임장 영상은 유튜브에서 아직 안 내렸는데, 아직도 종종 문의 연락이 와서 저와 잘 지냈던 해당 단지 중개사무소 사장님께 손님을 연결해드리고 있어요.

지역을 옮기고 중개대상물이 바뀌었어도 비슷한 방법을 이용했어요.

(출처 : 집사임당 유튜브)

제가 사무실 지역을 옮기면서 근처 입주장 매물을 받기 위해 올렸던 영상인데요. 이 영상을 올리고 보름 만에 해당 매물이 10건 정도가 들어왔고, 추가로 올린 영상이 없는데도 현재까지도 매물은 계속 들어오고 있어요.

접수월	매물번호	주소	건물명	실	분양면적	㎡	전용면적	㎡	보증금
23.04.24	지산020	갈현동 456	과천상상자이타워		74평	244.79	40평	133.82	5,000만
23.04.25	지산021	갈현동 456	과천상상자이타워		60평	196.91	28평	91.57	2,000만
23.05.10	지산026	갈현동 456	과천상상자이타워		29평	95.07	13평	44.21	1,000만
23.05.16	지산028	갈현동 456	과천상상자이타워		58평	190.12	27평	88.41	2,200만
23.05.17	지산029	갈현동 456	과천상상자이타워		79평	261.70	37평	121.70	3,500만
23.05.19	지산031	갈현동 456	과천상상자이타워		58평	190.12	27평	88.41	2,200만
23.05.29	지산037	갈현동 456	과천상상자이타워		29평	95.07	13평	44.21	1,000만
23.06.12	지산044	갈현동 456	과천상상자이타워		64평	196.92	28평	91.57	2,000만
23.06.12	지산046	갈현동 456	과천상상자이타워		31평	96.06	13평	44.20	900만
23.07.04	지산049	갈현동 456	과천상상자이타워		79평	242.54	34평	112.79	2,200만
23.07.04	지산050	갈현동 456	과천상상자이타워		31평	95.07	13평	44.21	전매 (P1
23.07.10	지산051	갈현동 456	과천상상자이타워		62평	190.12	27평	88.41	전매 (무피
23.07.19	지산060	갈현동 456	과천상상자이타워		36평	109.05	18평	60.18	전매 (무피
23.08.16	112	갈현동 456	과천상상자이타워		136평	451.03	63평	209.74	5,000만
23.08.16	113	갈현동 456	과천상상자이타워		74평	244.78	34평	113.83	3,000만
23.08.16	114	갈현동 456	과천상상자이타워		76평	251.00	35평	116.00	2,800만
23.08.23	116	갈현동 456	과천상상자이타워		58평	190.11	27평	88.41	2,000만

(출처 : 저자 작성)

물론 다른 경로의 광고도 나가고 있으니 100% 유튜브 효과라고는 장담할 수는 없어요. 하지만 이런 입주장 기간에는 물건지와 멀리 떨어진 소유자(투자자)들은 매번 임장을 와볼 수 없기 때문에 현장 상황을 많이 궁금해합니다. 매번 중개사무소에 전화를 걸어 물어보기도 미안하기도 해서 인터넷상의 정보에 의존하기 때문에 유튜브로 검색해보다가 소개 영상이 있으면 매물을 정말 많이 내놓습니다. 꾸준히 올려준다면 훨씬 좋겠죠!

최근에는 유튜브로 온라인 브리핑과 쇼츠로 매물 광고도 해보고 있어요. 부동산 정보가 아닌 광고다 보니 조회수는 다른 영상에 비해 잘 안 나오지만, 유효 고객이자 해당 매물을 찾고자 하는 손님에게는 도움이 되는 영상이라고 생각해서 올리고 있어요.

유튜브로 온라인 브리핑을 시작하고 나니 주변 중개사무소에서도 엄청 관심을 보이세요. 본인 매물도 대신 광고해주고 같이 공동중개를 하자는 분들도 계세요. 그리고 건물주분들 중에 본인 사무실도 영상으로 찍어서 올려달라고 기다리는 분들이 계시답니다.

온라인 매물 광고가 꼭 손님에게 매물을 광고하기 위함만이 아니라는 것! 또 다른 매물을 받을 수 있는 통로가 된다는 것을 생각하시고 열심히 해주시면 좋습니다.

오프라인으로
매물 따기

1. 명함 작업 - 상가·아파트·오피스텔

중개대상물마다 오프라인으로 매물을 따는 방법이 좀 다양하기는 하지만, 가장 전통적인 방법은 명함 작업이에요. 주택이나 사무실 문 앞에 명함을 붙이거나 상가에 명함을 돌리는 거예요. 원래 있던 내 명함을 돌려도 되지만, 저 같은 경우는 대단지 아파트나 오피스텔 단지에 명함 작업을 할 때는 그 해당 단지 전문 부동산 중개사무소인 것처럼 명함을 다시 만들어서 돌렸어요.

앞의 사진은 아파트 입주장에 명함 작업을 할 때 만들었던 명함인데요. 미리캔버스로 간단하게 편집 및 제작해서 '○○○(아파트 브랜드명) 매물 접수 중! 매물 접수 시 스타벅스 커피 쿠폰 증정' 문구를 넣어서 만들었어요. 미리캔버스, 캔바 등의 사이트 활용의 장점은 두말하면 입 아파요. 2만 원 정도면 이렇게 만들어서 명함 1,000장 주문이 가능합니다.

입주장 아파트 명함 작업은 정말 힘들어요. 집의 문 앞마다 명함을 꽂아놓고 오는 것인데 다음 날 몸살 납니다. 그래도 팁을 드리자면 제일 꼭대기 층으로 엘리베이터를 타고 올라가서 하나씩 꽂으면서 내려오면 좀 빠릅니다(신축의 경우 공동 출입문은 열려 있는 경우가 많아요).

제가 온라인 마케팅을 주력으로 생각하다 보니 명함 작업은 고생한 대비 효과가 덜 했어요. 그래도 안 하는 것보다는 하는 게 좋고, 온라인이 자신 없다 하시는 분들은 명함 작업도 추천합니다. 참고로 입주장은 명함 작업을 하려면 사전점검일 이전에 미리 싹 돌려놓고 와야 소유자들이 사전점검 하러 온 김에 명함 보고 물건을 내놔요. 전 한 발 늦어서 고생만 하고 유의미한 결과가 없었어요.

그리고 상가 매물 작업도 명함 작업을 정말 많이 해요. 명함을 들고 상가 점포마다 찾아가서 매출도 좀 올려주고 매물을 의뢰할 생각이 있으시면 연락해달라고, 권리금 잘 받아드리겠다고 이야기하면서 영업을 잘하고 있는 가게까지지도 이사나 확장 제안을 하기도 합니다. 권리금 이야기에 혹하는 임차인도 있어요.

상가 전문 중개사들은 운동화 밑창이 닳아 없어지도록 명함 작업을 많이 합니다! 내가 중개를 하고 있다는 사실을 동네방네 알려야만 매물이 들어옵니다. 영업하는 사람은 항시 명함을 소지하는 것이 필수입니다!

상가 중개가 어렵고, 에너지 소모가 많은 이유 중 하나에 명함 작업도 관련이 있는데요. 한 지역에 오래 중개사무소를 운영하다 보면 다른 중개사무소가 네이버 부동산에 올린 매물 사진 한 장만 봐도 어디인지 다 알 수 있어요. 위치도 대략 나오니 로드뷰로 찾을 수도 있고요. 어디인지 파악이 되었으면 직접 상가 임차인을 찾아가서 접수를 받아서 오기도 해요. 그 건물주 연락처가 있다면, 건물주에게 바로 전화해서 거기 매물이 나오지 않았는지 물어보고 매물을 접수받기도 하고요.

이것은 따지고 보면 불법도 아니기 때문에 "너, 내 광고 보고 가서 매물 따왔지!" 하고 따질 수도 없는 노릇이고, 상도덕이 없다고 비난하기도 애매합니다. 그래서 상가는 매물이 노출되기가 쉬워서 네이버 광고에 올릴 때 물건을 뺏길까 봐 사진은 잘 안 올리시는 경우가 많아요.

그래도 희망적인 이야기를 하나 해보자면 상가 전문 중개만 20년 넘게 오래 하신 중개사무소 사장님과 이런 대화를 한 적이 있어요. 상가 매물들을 받아 블로그나 유튜브에 올려드리고 공동중개를 하기로 했었는데요. 제가 물건을 받으며 노파심에 "이거 블로그나 유튜브에 올리면 주변에서 뺏기지 않을까요?" 하고 여쭈었더니 "그런 거 생각하면 일 못해. 일단 뺏기지 않게 건물주를 꽉 잡아두든지, 뺏겼으면 빨리 잊고 다음 거 해야지"라고 하시더라고요.

저는 이 짧은 대화에서 큰 깨달음이 있었어요. '이거 뺏길까, 저거 뺏길까 노심초사하며 에너지 소모할 시간에 성실과 노력으로 물건을 더 많이 확보하고 더 많이 광고하자. 내 블로그에 더 많은 매물을 채우고 내 네이버 부동산과 유튜브에 더 많은 매물을 작업해서 올리면 이 매물 하나에 목숨 걸고 싸우고 감정을 소모할 일 없이 빨리 다음 물건으로 넘어가면 되겠구나' 하고 생각하게 되었어요. 실제로 내 매물이 많고 광고가 많이 올라가 있고 손님이 많으면, 그 매물 하나하나에 감정을 소모하고 집착하게 될 일은 적어요. 다양한 매물에 다양한 손님들 콜이 동시에 여러 군데에서 오기 때문에 여기부터는 운이나 말재주가 아니라 확률적으로 계약 성사율이 높아집니다.

물론 다 돈 벌자고 하는 일이니, 계약해서 수수료를 받으면 좋지만, 계약을 설령 못하고 뺏겼다 한들 그것 또한 내가 최선을 다했다면 배움이 있을 것이고, 거기에서 또 노하우가 생길 것이에요. 중요한 것은 지체하지 않고 다음으로 나아가며 내가 성장하는 길이라고 생각해요. 물론 대놓고 부당한 일은 끝까지 싸워서라도 만만하게 보이면 안 되겠지만요.

결과(=계약)만 생각하면 중개업은 스트레스를 받아 오래 못할 것 같아요. 그냥 그 과정을 즐길 수 있어야 오랫동안 할 수 있는 일이 자영업이자, 중개업인 것 같습니다. 매일 성실하게 매물을 임장하고, 촬영하며, 광고하고, 고객과 상담한 내 하루의 루틴과 꾸준히 발전하는 나의 모습에 스스로를 격려하고 의미를 둘 것. 저는 이 점을 항상 명심하고 있어요.

2. 엑셀 DB파일 구매 - 아파트 입주장

이것은 제가 직접 해본 것은 아니고 풍문으로 들은 이야기예요. 저의 짧은 업력으로 모든 것을 경험할 수 없기에 제 주변의 많은 중개사분들에게 들었던 이야기도 담겨 있습니다. 잘못된 정보는 지양하고자 최대한 제가 경험한 것만 알려드리고자 하지만, 도움될 만한 정보라 몇 자 적어볼게요.

아파트 입주장이 되면 수많은 전매 물건과 임대 물건들이 쏟아집니다. 저도 입주장에 한번 들어가 보고 싶은데 매물이 없어 들어갈 수 없을 때 매물이 많은 부동산 중개사무소를 보며 신기했던 적이 있어요. 경력 많은 고수 중개사분들은 이미 입주장을 시작하기 전부터 DB를 산다고 해요.

그 DB 파일이 어디서 나오는지 궁금하신 분들을 위해서 설명할게요. 신축아파트는 항상 입주 전에 사전점검이라는 제도가 있어요. 소유자들이 입주 시작 전, 며칠 동안 아파트에 방문해서 하자 점검을 하게 되는데요. 들어가면 여기저기서 행주나 쓰레기봉투를 주면서 명함을 나누어주는 아주머니들이 많이 계세요.

그분들 중 일부가 소유자 휴대폰 번호나 정보들을 수집하고, 그 정보들이 DB로 만들어져 거래된다고 해요. 또한 그 기간 주차장에 주차된 차들은 대부분 소유자들이기 때문에 그때 차량 앞 좌석에 있는 비상 연락 전화번호를 수집한다고 합니다. 그 정보들을 통해 연락해서 몇 동 몇 호인지 정보를 받는다고도 하더라고요. 본인 매물을 매도하거나 임대를 놔야 하는 소유자들도 굳이 마다할 이유는 없어 응하는 편인 것 같아요. 그런 소유자 DB 목록은 10~20만 원에 중개사무소 사장님들에게 전달되기도 한다고 들었어요.

요즘은 개인정보보호법이 강화되어 이런 것을 예전에 비해 쉽게 하지는 못할 듯합니다. 또 상승장에서는 매물이 귀하지만, 지금처럼 부동산 경기가 안 좋을 때는 굳이 이런 거래 없이도 매물이 쏟아집니다.

3. 분양대행사에서 나누어줌
- 신축빌라·신축오피스텔·지식산업센터·상가 분양

아파트는 워낙 대중적인 부동산 상품이다 보니 선분양이 일반적이고 입주 시기에는 이미 분양이 완료된 상태라 건설사나 분양대행사의 부담이 적어요. 미분양이 아닌 이상 대부분 계약은 끝났고 잔금을 치러야 하는 책임자는 계약자(=수분양자)이니까요. 그런데 미분양된 아파트나 신축 빌라, 지식산업센터, 오피스텔 등의 경우는 약간 달라요.

우선, 신축빌라나 오피스텔은 대부분 후분양입니다. 건물을 지어놓고 완공되면 판매를 하는 거죠(재개발·재건축 이슈가 있는 지역은 투자자들이 원하기 때문에 준공 나기도 전에 분양이 완판되는 경우도 많습니다. 단, 계약금만 걸고 잔금은 완공 후 치릅니다).

또 지식산업센터의 경우는 아파트처럼 선분양하기는 하는데, 일부 좋은 물건을 소비자에게 풀지 않고 시행사에서 잔금 때까지 가지고 가는 경우가 많아요. 부동산 경기가 좋아서 투자 수요가 몰리고 부동산의 가치가 상승하게 되면, 이 상승이 계속될 것이라는 기대심리에 시행사에서 일부 물건을 보유했다가 완공되면 팔아서 시세차익을 누리거나 직접 소유해서 임대수익을 내려는 목적이죠. 아니면 그 당시 분양을 진행했던 대행사 직원들이 좋은 물건을 찍어서(=직접 분양받음) 나중에 적당한 때가 되면 프리미엄(=웃돈)을 받고 전매(등기하기 전에 되파는 것)하려고 미리 보유하게 되는 경우가 있어요.*

그래서 신축빌라, 지식산업센터, 오피스텔의 경우에는 잔금 시점 전후로 주변 중개사무소의 도움이 필요하기 때문에 전매로 나온 물건이나 신규 분양 중인 물건, 임대를 맞춰야 하는 물건이 있으면, 분양대행사 직원들이 찾아와서 물건을 나누어줍니다. 신축 건물 앞에 붙어 있는 전화번호로 매물을 달라고 하면 주기도 하고요. 이런 신축 분양이나 임대의 경우는 MGM도 높아서 한 건 계약하면 1,000~2,000만 원이 성공보수로 떨어지기도 합니다.

그런데 개인적으로 초보들이 접근하기는 어려운 것 같아요. 특히 신축빌라나 오피스텔의 경우, 전세사기에 악용되는 경우도 많아서 괜히 같이 휩쓸릴까 봐 무섭기도 하고요. 대신 실거주용 분양이나 보증금이 소액인 월세 물건은 위험할 일이 크게 없기 때문에 큰 부담 없이 매물을 받아 진행해도 될 것 같아요. 단, 이런 곳에서 주는 물건들은 대체로

*건설사, 시행사, 시공사, 분양대행사의 차이점에 대해 따로 공부하고 숙지해야 합니다.

가격이 비싼 편이라 가격 경쟁력은 없지만, 매물이 매물을 부르는 것이니 매물이 아예 없다면 이런 매물이라도 받아서 올리다 보면 좋은 매물도 들어오게 됩니다.

4. 원·투룸 매물 접수

원·투룸을 접수 받는 방법도 정말 다양해요. 전단을 붙이기도 하고, 세입자에게 건물주의 번호를 물어보는 방법, 부동산 앞에 원·투룸 매물 접수 포스팅을 붙여놓는 방법 등 다양해요.

특별히 대학가 근처 원·투룸 밀집 지역에는 건물마다 건물 소유자의 전화번호가 붙어 있는 경우가 많아요. 건물 소유자 본인이 달아놓은 거예요. 그래서 그 근처를 돌아다니면서 건물 주소와 휴대폰 번호를 수집한 뒤, 전화를 돌려서 빈방이 없는지 물어보면, 99%의 임대인은 호의적으로 물건을 줍니다. 본인도 집을 빨리 빼서 월세를 받아야 하니까요.

요즘은 네이버나 다음/카카오의 지도가 너무 훌륭해서 로드뷰를 보면 건물에 전화번호까지 다 보여요. 그것을 보고 임대인의 전화번호를 수집해서 전화를 걸기도 합니다.

그리고 원·투룸은 '만기 전 중도 퇴실'이 정말 많아요. 그 말은 곧, 기존 세입자가 집을 내놓는 경우가 많다는 거죠. 원·투룸은 대학생 또는 직장인 등의 사회 초년생이 사는 경우가 많아서 매물 접수 시 커피 쿠폰 증정 등 홍보물을 적극적으로 활용하면 좋습니다.

　원룸은 소유자가 1개 호실이 아니라 4~5개 이상의 호실을 가진 경우가 많아요. 그래서 각기 다른 건물의 원룸 매물을 받는 것보다 원룸 소유자의 마음을 사로잡아(?) 한 건물을 통으로 관리하며 전속으로 매물 임대를 맞추는 것이 더 실속 있어요.

　원·투룸 임대 매물을 빨리 빼려면 다음의 3가지가 정말 중요해요.

　① 직방, 다방, 블로그, 네이버 광고 열심히 하기
　② 기존 세입자와의 관계 우호적으로 만들기
　③ 전세대출과 전세보증보험에 관한 내용 숙지하기

　중개를 하다 보면 내 손님만 중요해서 기존 세입자는 안중에도 없는 경우를 많이 봅니다. 그런데 기존 세입자에게 정중하고 예의 바르게 행동하면, 그 세입자가 다른 중개사에게는 쌀쌀맞아도 친절한 중개사에게는 사진도 보내주고 비번도 알려주며 물어보는 것도 다 잘 대답해주고 굉장히 협조적입니다. 원활한 중개를 위해서는 기존 세입자에게 예의 바르게, 불편함 없이 하는 게 정말 중요한 것 같아요.

이것이 별것 아닌 것 같아도 나중에 기존 임차인이 퇴실할 때도 문제가 되어 골치 아픈 일이 줄어들고 신경 쓸 일이 적어져요. 감정이 들어가면 간단할 일도 복잡해지고 어려워지기 마련이니까요. 또한, 기존 세입자와의 관계가 좋으면 본인은 이사하더라도 집 주변에 사는 친구나 지인들에게 저에 대해 좋게 이야기해줄 수도 있어요. 저는 그렇게 연결되어 기존 세입자의 지인들을 소개받은 적도 종종 있었어요.

매물을 확보하는
기타 방법

1. 공동중개로 물건 받기

물건이 없을 때는 주변 부동산 중개사무소와 친해져서 물건을 받아 함께 공동중개를 할 수도 있습니다. 특히나 요즘은 연배가 있으신 선배 중개사분 중, 중개에는 베테랑이시지만, 컴퓨터를 다루는 능력이나 온라인 마케팅이 어려워서 함께 협력할 수 있는 중개사분들을 굉장히 반기시는 분들이 많아요.

저도 초반에는 주변 중개사분들께 매물을 받은 적이 정말 많아요. 공동중개로 타 중개사무소에 나온 매물을 함께 보게 되면서 안면을 트는 경우가 많은데, 그럴 때마다 열심히 손님을 모시고 올 테니 매물 공유를 많이 해달라고 말씀드리곤 했어요. 그 자리에서 4개의 매물을 촬영할 수 있도록 협조해주신 분도 있었어요. 그렇게 해서 계약까지 이루어진 다면, 관계는 더 좋아져서 요청하지 않아도 좋은 매물이 나올 때마다 공유해주시곤 합니다. 저도 마찬가지로 공유하고요.

개업하면 경쟁자가 하나 더 늘었다고 경계했다가도 상도덕을 잘 지키고 예의를 지키면, 주변 중개사분들도 나를 좋은 파트너로 생각해주신답니다. 이렇게 확보한 매물을 열심히 광고하면 나에게도 새로운 매물이 들어오기 시작합니다. 열심히 광고하는 것만이 살길입니다.

2. 매물은 많으면 많을 수록 좋다

소개한 것 외에도 상가 앞에 현수막 걸기, 기존 세입자에게 임대인 번호 물어보기, 주차된 차량에서 번호 얻기, 각종 이벤트 등 여러 가지 방법이 많겠지만, 제가 주로 했던 오프라인으로 매물을 확보하는 경험들은 이 정도입니다. 워낙 온라인 마케팅이 대세라지만 사람의 능력과 성격은 다 다르니 본인이 잘할 수 있고, 지속해서 꾸준히 할 수 있는 방법을 찾아나가는 게 중요한 것 같아요.

여러 가지 매물을 나루든, 1~2가지 특화된 전문 분야의 매물을 다루든 매물은 많으면 많을수록 좋아요. 개업 초반에는 매물 확보가 힘들다 보니 공동중개에 의존할 때가 많은데, 매번 보기만 하고 계약을 못 하면 매물을 보여준 그 중개사무소에도 예의가 아닌 것 같기도 해서 계속 클로징이 안 되면 나중에는 보여달라고 하기도 민망합니다.

또 많지는 않지만, 간혹 물건지 중개사무소에서 갑질(?)을 하는 경우도 있고, 손님이 원하는 조건과 조율을 해야 하는데 중개사무소에서 중간에 아예 전달도 안 하고 막아버리는 경우도 있답니다. 장점도 많은 공동중개이지만 단순히 중개보수를 양쪽에서 받고 한쪽에서 받고의 문제를 떠나 여러모로 힘든 점이 있어요. 내 매물이 많은 것이 가장 좋습니다.

매물은 많을수록 좋고 특히나 미끼 매물이 하나 잘 들어오면 효자 노릇을 톡톡히 합니다. 미끼 매물이란, 주변 시세보다 저렴하면서 인테리어가 잘되어 있어 광고 효과가 있는 매물이에요. 이런 매물은 누구에게나 매력적으로 보이기 때문에 확실히 손님 콜이 많이 옵니다. 이런 매물의 광고를 보고 손님들의 문의가 많이 오면, 그 손님들에게 내 매물을 보여주든, 공동중개를 하든 계약 성사 확률을 높일 수 있어요.

예전에 구축 빌라 1층 전세 매물이 들어온 적이 있는데, 1층에 남향임에도 앞에 주차장이 가리고 있어 반지하처럼 해가 거의 안 드는 곳이었어요. 건물 자체가 많이 노후화되었지만, 내부 인테리어를 새로 했고, 조명이 예쁜 집이라 사진에는 신축처럼 정말 그럴듯하게 잘 나왔어요. 구축에 채광이 안 좋다 보니 동일 평수 대비 가격이 저렴했는데, 그 매물 광고를 보고 손님 문의가 정말 많이 왔어요.

그런데 막상 직접 와서 보니 단점이 많아 실망스러워서인지 다른 매물을 찾으셨어요. 어쨌든 한번 연락 온 손님이기 때문에 제가 다른 매물들을 소개시켜주었고, 결과적으로 그 미끼 매물 하나로 2주간 10팀 이상의 손님 콜이 왔고, 4건의 전세 계약을 했어요. 마지막에는 그 매물까지도 적임자에게 계약했어요. 그 일 이후로 미끼 매물이 될 만한 것은 특별히 더 신경을 써서 사진과 영상을 촬영 후 광고를 올리고 있어요.

허위 매물을 미끼 매물로 쓰는 나쁜 부동산 중개사들이 많아요. 심지어 저도 가끔 속아서 짜증난 적이 있었는데, 이래서 허위 매물을 그렇게 올리는구나 싶었답니다. 요즘은 허위 매물 단속이 정말 심하니 진짜 매물 중 미끼가 될 만한 매물을 잘 선별해서 이용해보세요!

VII

매물
홍보하기

네이버
부동산

 매물 홍보 채널 중 가장 기본적인데도 불구하고 대부분 젊은 중개사들이 직방, 다방, 블로그, 유튜브에 집중하다가 정작 그 중요성을 망각하는 광고 채널이 바로 네이버 부동산이에요.

 특히 집합건물인 아파트, 오피스텔, 지식산업센터 위주의 중개를 하시는 분들은 무조건 1순위로 '잘'해야 하는 것이 네이버 부동산 광고입니다. 왜냐하면, 네이버 부동산은 가장 대중적인 광고 매체이며, 손님이 물건을 찾고자 할 때 가장 처음으로 보는 채널이기 때문이에요.

1. 네이버 부동산 - 협력 업체

 본격적으로 실무에 관해서 설명해볼게요.
 네이버 부동산에 매물 광고를 올리려면 우선 협력 광고 업체를 선택해야 해요.

네이버 부동산의 광고를 보면 부동산 이름 옆에 '부동산114 제공'이
나 '부동산뱅크 제공' 등의 업체명이 있는데요. 바로, '인터넷 부동산 종
합 정보 서비스'를 제공하는 중간 업체입니다. 네이버 부동산은 네이버
에 바로 광고를 올리는 것이 아니라, 이런 중간 협력 업체에 일정 비용
을 지불하고 광고를 올려서 네이버로 전송하는 시스템이에요.

가장 많이 쓰는 업체로 매경, 부동산뱅크, 부동산써브, 부동산114 등
이 있고, 최근에는 선방, 산업부동산 등도 많이 이용합니다.

일단 중개사무소를 개업하시게 되면 내 주변의 중개사무소들은 어느
업체를 이용하는지 살펴보신 후, 여러 군데에서 상담을 받아 결정해보
세요. 업체별로 가격이나 프로모션이 상이합니다.

저는 초반에는 네이버 부동산이 매물 광고의 기본인 것을 알면서도

충실하지 못했어요. 생각보다 입력할 내용이 너무 많아 헤맸고, 열심히 올렸는데 알 수 없는 이유로 실패한 경우도 많았어요. 또 매물 종류마다 올리는 방법이 조금씩 다 달라서 짜증만 내다가 안 올리게 되는 경우도 많았답니다. 그러다가 다시 기본에 충실해야겠다고 마음먹으니 매물장 DB를 만들지 않을 수가 없었어요.

저는 매물 접수를 받으면 건축물대장과 등기부등본을 열람하고 이를 바탕으로 엑셀에 DB를 정리합니다. 네이버 광고에 기입해야 하는 내용을 위주로 일차적으로 정리해놓는 거예요. 그리고 그 DB를 보며 네이버 부동산에 광고를 올려요. 손에 익기 전까지는 번거로울 수 있지만, 이 작업이 익숙해지면 광고 올리는 속도가 훨씬 빨라집니다. 또 이렇게 정리를 해두어야 매물이 많아졌을 때도 감당이 됩니다.

네이버 부동산은 매물 광고를 올린 뒤 한 달이 지나면 거래 여부와 상관없이 광고가 종료됩니다. 종료됐으니 다시 올려야 하는데, 이때 다시 올리는 것도 귀찮고 돈이 아깝다고 안 하시는 분들이 있어요. 중개대상물마다 광고 방법에 차이가 있기는 하겠지만, 네이버 부동산을 주력으로 하시는 중개사분들은 한 달이 지나기도 전에 일부러 강제로 종료해서 다시 광고를 올립니다. 최신 확인 매물로 올리기 위해서예요.

또 지역 중개사무소 중 블로그나 유튜브 같은 마케팅은 하나도 안 하는데 잘한다고 소문난 중개사무소들을 유심히 보니 매물을 받자마자 네이버에만큼은 정말 빠르게 올리는 곳이 많았어요. 그만큼 네이버 부동산은 중개업 마케팅에 있어 기본적이고 중요합니다(물론 급매, 소문나면 안 되는 매물 등은 일부러 광고를 안 올리시는 분들도 있어요). 아파트, 지식산업센터, 오피스텔 같은 집합건물 위주의 중개를 하시는 분들이라면, 특히나 네이버 부동산을 잘 활용하시기를 추천해드려요.

2. 네이버 부동산 - 광고 종류

앞에서도 한 번 언급했지만, 네이버 부동산은 7가지 검증 방식이 있는데 그중 광고를 올릴 때 크게 3가지의 홍보 방법(검증방식)을 많이 써요.

① 현장 확인 : 광고 내용이나 정보는 내가 쓰고, 사진이나 영상은 네이버 부동산 직원이 가서 직접 촬영해서 올리는 방식
② 집주인(소유자) 확인 매물 : 광고 내용, 정보, 사진, 영상 등의 모든 정보를 내가 기입하고, 내가 촬영한 사진을 올리며 등기사항증명서를 첨부해야 하고, 소유자 정보에 통신사와 휴대폰 번호 또는 소유자의 네이버 확인 등을 통해 올리는 방식
③ 홍보 확인서 : 등기사항증명서나 소유자 연락처 없이, 그냥 홍보 확인서에 사인해서 업로드하는 방식
  • 건당 결제 가격 : 현장 확인>홍보 확인서>집주인 확인 매물>한방*
  • 상위 노출도 : 현장 확인>집주인 확인 매물>홍보 확인서>한방

*한방 : 한국공인중개사협회에서 제공하는 공인중개사 전용 프로그램으로, 매월 20건씩 네이버에 매물 전송을 할 수 있습니다(단, 매물 검색 시 동일 매물 중 최하단에 위치합니다).

업체마다 프로모션이나 가격은 조금씩 다를 수는 있는데, 제가 쓰는 곳은 다음과 같습니다.

〈네이버 부동산 광고 검증방식〉

검증방식	리스팅	주요 내용
현장 확인	1순위 19,500원	검증센터 직원이 해당 물건지에 직접 방문, 사진을 촬영해서 올려주는 방식
모바일 확인V1 (집주인)	2순위 1,350원	소유자가 문자를 받아 네이버 회원 로그인을 통해 거래 가능 여부를 직접 확인해주는 방식
모바일 확인V2 (집주인)	3순위 1,350원	본인 명의의 휴대폰 가입 정보를 통해 실명을 확인하는 방식(소유자가 네이버 회원이 아닐 경우)
(신)홍보 확인서 (집주인)	3순위 1,350원	소유자(또는 의뢰인)의 네이버 회원 정보를 통해 실명을 확인하는 방식
홍보 확인서V2	4순위 1,950원	매도(임대) 의뢰인이 제공한 '홍보 확인서'로 매물의 거래 가능 여부를 확인하는 방식 – 입력한 소유자 정보(이름/휴대폰 번호)가 네이버 실명 회원으로 확인된 경우
전화 확인	5순위 1,950원	검증센터 직원이 의뢰인과 직접 통화해서 매물의 거래 가능 여부를 확인하는 방식
홍보 확인서V1	6순위 1,950원	매도(임대) 의뢰인이 제공한 '홍보 확인서'로 매물의 거래 가능 여부를 확인하는 방식 – 소유자 휴대폰 번호를 미기재하거나 소유자가 네이버 실명 회원이 아닐 경우

상위노출은 위의 리스팅 우선순위에 따라 됩니다. 1순위인 현장 확인은 검증센터 직원이 사진이나 영상 촬영을 가서 직접 다 하기 때문에

편하고 노출도 1순위라 매력적이지만 가격이 비싸다는 단점이 있어요.

집주인(소유자) 마크가 달린 광고는 소유자가 매물을 내놓은 것을 직접 확인했다는 뜻인데요. 소유자를 확인하는 방법으로 네이버 로그인 확인 방식(모바일V1), 휴대폰 가입 정보를 통한 확인 방식(모바일V2), 네이버 회원 정보를 통한 실명 확인 방식(신홍보), 이렇게 3가지 종류가 있어요.

2순위인 모바일 확인 V1의 경우, 해당 매물 광고를 올리면 소유자가 문자를 받아 네이버 회원 로그인을 한 뒤 확인 처리를 해줘야 완료되는 시스템이라 젊은 소유자에게는 괜찮지만, 연세가 있으신 소유자분들께는 해달라고 부탁하기가 쉽지 않아요.

그래서 중개사무소에서 가장 많이 쓰는 방식은 3순위인 모바일 확인 V2입니다. 휴대폰 가입 정보로 소유자가 맞는지 확인하기 때문에 매물 접수를 받을 때 항상 등기상 소유자의 휴대폰 번호와 어느 통신사인지 등의 정보를 함께 받아둡니다. 광고 업로드 시 소유자 이름, 휴대폰 번호, 통신사 이렇게 3가지가 들어가기 때문이에요.

> **| 제가 광고 올리는 방법! (동네마다 방법이 다를 수 있음) |**
>
> 1. 일단 기본적으로 모든 매물은 '집주인(소유자) 확인 매물로 올린다'라고 생각한다.
>   - 집주인 확인 매물이 홍보 확인서 매물보다 더 싸고 상위노출 되기 때문

(물론 필수 첨부 서류인 등기사항증명서 열람비용까지 하면 더 비싼 셈이긴 하지만 효과가 좋음).

2. 젊은 분이면 모바일 확인 V1을 시도하고, 만약 애매하거나 잘 모르겠을 때는 모바일 V2를 시도한다.

: 매물 접수를 받을 때, 등기상 소유자의 휴대폰 번호와 통신사를 꼭 받아야 하고, 등기사항전부증명서도 한 부 열람해서 PDF파일로 저장해둬야 함.

＊만일 소유자가 법인일 경우, 명함이나 사업자등록증을 받아야 소유자 확인 매물로 올릴 수 있음.

3. 만약 소유자가 휴대폰을 다른 사람 명의로 쓴다든가 법인명의 매물의 명함 확보가 힘들다거나 하는 경우, 차선책으로 '홍보 확인서' 매물로 올린다(이런 경우도 소유자 확인 매물로 올릴 수 있는 편법은 있는데 좋은 방법은 아니기에 pass!).

4. 중복으로 여러 번 올릴 때, 또는 어떤 방법으로도 올리기 애매한 물건들은 한방에서 무료 20건을 사용해서 올린다(별도 검증 절차도 없고 업로드 하기가 쉽습니다).

3. 네이버 부동산 - 아파트·오피스텔

아파트나 주거용 오피스텔의 경우, 사실 사람이 사는 곳이라 사진이나 영상 촬영이 어려운 경우가 많아요. 만일 공실이었을 당시 찍어놓은 사진이 있거나 같은 구조, 같은 평형, 다른 호실 사진이 있다면 대체해서 광고를 올리기도 합니다. 사진이 없으면 세입자한테 부탁하거나 양해를 구해서라도 사진을 찍어서 올리는 게 좋아요. 사진이 있으면 없을 때보다 상위노출 되기도 하고 고객이 클릭할 확률도 높아지기 때문이에요.

아파트, 오피스텔, 지식산업센터, 상가, 사무실 등은 집합건물인 경우 거의 대부분 소유자 확인 매물로 올리기 때문에 이렇게 올려야 그나마 본전입니다. 특히 매물이 많은 지역은 홍보 확인서로 올리면, 너무 밑으로 내려가서 찾아도 보이지 않을 정도예요.

'소유자 확인 매물, 블링블링한 사진, 장점을 잘 살린 제목', 이 3가지가 가장 중요합니다!

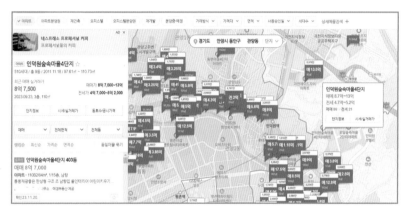

(출처 : 네이버 부동산 - 아파트·오피스텔 검색화면)

네이버 부동산에서 아파트·오피스텔을 검색하면 매매, 전세, 월세 매물이 단지별로 뜹니다. 그래서 단지가 다르다면 A단지의 매물이 B단지 매물 밑으로 묻힐 확률은 상대적으로 적어요. A단지 따로, B단지 따로 나오니까요. 그래서 현장 확인 매물까지는 굳이 하지 않는 편입니다. 물론 사람이 사는 곳이라 낯선 사람이 막 가서 촬영하기 힘든 것도 있고요.

아파트·주거용 오피스텔 등 주거용 집합건물은 최대한 매물을 많이 확보해서 네이버에 많이, 조금이라도 싸게 올리는 게 최고입니다. 그리고 수시로 같은 매물을 더 싸게 올린 중개사무소는 없는지 체크해줘야 해요. '동일매물 묶기'라는 것이 있어서 여러 중개사무소에서 올라온 동일한 매물의 가격을 한눈에 볼 수 있도록 묶여 나열되는데, 고객은 무조건 싸게 내놓은 곳으로 클릭하게 됩니다(인터넷 최저가 검색하듯이요). 만약 나는 10억 원에 올렸는데, 다른 곳에서 9억 8,000만 원에 올렸다면 소유사에게 확인 후 나도 가격을 수정해야 해요.

4. 네이버 부동산 - 상가/사무실

비주거용 부동산은 주거용 부동산에 비해 내부를 촬영하는 것이 상대적으로 편하고 협조적이에요. 대부분 매매 아니면 월세의 형태기 때문에 매도자든, 임대인이든, 만기 전 퇴실하는 임차인이든, 좋은 가격에 빨리 매물이 나가야 이득이기 때문에 협조적입니다(물론 다 그런 것은 아닙니다).

그래서 상가·사무실 위주의 부동산 중개사무소는 사진과 영상을 활용한 온라인 마케팅이 특히나 더 발달하는 특성이 있으며, 온라인 위주로 발달하다 보니 굳이 1층 사무실이 아닌 2층, 4층처럼 상대적으로 임대료가 저렴한 위치로 가면서 그 비용을 광고비에 투입하는 경우도 많이 있어요.

블로그, 유튜브 등 다른 온라인 마케팅이 발달했음에도 불구하고 상가·사무실 또한 기본에 충실해야 합니다. '네이버 부동산'을 정말 잘해야 하는데요. 상가·사무실 중개를 하시는 분들이라면 그리고 특히나 지식산업센터도 겸하시는 분이라면, 구역마다 꼭 '현장 확인' 매물을 1~2개씩은 하는 것이 좋습니다.

아파트나 오피스텔은 단지별로 매물이 묶여 노출되는 반면, 상가·사무실·토지 등의 매물은 다음과 같이 소지역 단위로 묶여서(특별한 구분 없이 다 섞여서) 노출됩니다.

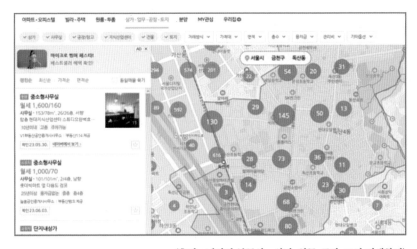

실제로는 꽤 거리가 있음에도 A건물에 나온 사무실, B건물에 나온 사무실 모두 합쳐져서 총 개수로 뭉쳐 나온다는 점이 아파트·오피스텔과 달라요. (물론 찾고자 하는 특정 위치가 있다면 지도를 확대해서 건물내 매물들을 볼 수는 있지만 보통은 그냥 지역 단위로 검색 합니다.)

그렇기 때문에 네이버에 상가·사무실 매물을 광고할 때는 최상위 노출되는 '현장 확인' 광고가 효과가 좋습니다.

하지만 현장 확인 광고는 비쌉니다. 한 건에 19,000원이에요. 심지어 한 달 뒤면 기간 만료로 내려가는 광고인 것은 똑같습니다. 그럼에도 불구하고 할 수 있는 광고 예산 범위 내에서 현장 확인 광고는 많이 할수록 좋아요. 최소한 매물이 있는 소규모 지역 단위로 1개씩은 해야 지도에서 검색했을 때 내 매물이 노출됩니다(지식산업센터라면 건물마다 최소 1개씩은 현장 확인 매물 올리는 것을 추천합니다).

(출처 : 네이버 부동산)

시간이 지나면 현장 확인 매물도 최근 게시물에 밀려 최상단 자리에서 내려올 수 있습니다. 하지만 동일한 기간에 올린 다른 광고에 비해 상대적으로 상위에 노출되는 편이기 때문에 상가·사무실을 전문으로 중개하시는 분들이라면 꼭 현장 확인 매물 광고를 해서 내 매물을 위로 올리시라고 추천해드려요. 매물을 찾는 고객에게 닿기 위한 목적만이 아니에요. 여러 번 이야기했지만 내 사무소가 계속 상위에 노출되어야 좋은 매물이 또 들어와요.

너무 많은 중개사무소에서 하면 네이버만 돈 벌어주는 것 같아 속 쓰리긴 하지만, 그럼에도 저는 상업용 부동산 위주로 중개를 하시는 분들이라면, 구역별 한 개씩이라도 현장 확인 광고를 활용하시라고 권하고 싶어요. 리스팅 상위권자들의 싸움이니까요.

현장 확인 매물은 네이버 부동산의 검증센터 직원이 직접 나와 현장을 확인하고, 사진이나 영상을 촬영해서 올리는 것이기 때문에 법인이나 미등기 건물처럼 소유자 확인 매물로 올리기 힘든 경우도 상관없이 현장 확인으로 광고를 할 수 있다는 게 또 장점이에요!

5. 네이버 부동산 - 원룸·빌라·기타

원·투룸은 아무래도 직방·다방의 광고 효과가 가장 큽니다 하지만 네이버는 기본이기 때문에 똑같이 열심히 광고를 올려야 해요. 5~10개밖에 못 올리는데, 비싸기까지 한 직방·다방에 비해 네이버 광고는 광고 개수도 제한 없고 저렴하기 때문에 최대한 많이 올리시는 게 좋아요.

다만 원·투룸 임대 매물은 거래 회전율이 높다 보니 광고 하나하나에 정성 들여 광고를 올리는 것보다 매물을 받자마자 즉시 빠르게 올리는 편을 추천해요. 공들여 문구를 작성하고 사진을 찍어 올리는 사이 다른 중개사무소에서 계약되어버리는 경우가 많거든요.

원·투룸은 보통 한 건물 내에 비슷하게 생긴 호실들이 여러 개 있어요. 사진을 한번 찍어놓으면 다 비슷비슷하기 때문에 다른 호실 광고를 할 때도 기존에 찍은 다른 호실 사진을 활용합니다(단, 다른 호실 사진을 사용했다면 저는 상세 내용에 해당 호실에 세입자가 거주하고 있어 옆 호실 사진을 사용했다고 꼭 기입했어요. 괜한 항의가 들어올 일이 없고 손님이 오히려 더 신뢰합니다).

6. 네이버 부동산 - 토지·건물

토지나 건물 등의 매물은 네이버 부동산을 통한 광고는 많이 하지 않는 편입니다. 네이버에 노출시켰다가 오히려 경쟁 업체에 소스를 제공하는 꼴이 되는 경우가 많아서 잘 하지 않아요. 토지·빌딩 매매 전문 중개사분들은 인맥을 통해 매물을 공유하는 경우가 많고, 요즘은 아예 유튜브로 대상물 자체에 대한 광고보다는 '나', 또는 '나의 중개사무소' 자체를 브랜딩하는 방향으로 가고 있어요.

공인중개사 중 브랜딩을 가장 잘 하시는 분은 누가 뭐래도 빌사남 김윤수 대표님이 아닐까 싶습니다. 유튜브 빌사남(@bsn_)에서도 볼 수 있고, 《매출 100억 공인중개사는 이렇게 영업합니다》에서도 온라인 마케팅을 비롯해서 여러 노하우가 나와 있으니 참고해보세요!

7. 네이버 부동산 - 광고 주의사항

제목을 적는 칸 아래 주의사항이 써 있는데 이 부분은 잘 지켜주시는 것이 좋아요. 운 좋으면 그냥 넘어가는 경우도 있지만, 금지 문구나 이모티콘을 쓰면 제목이 아예 없어지고 아무것도 안 나와서 홍보 효과가 떨어질 수 있어요.

네이버 매물을 올릴 때는 상세 설명을 기입하지 않고 그냥 올리시는 경우도 많아요. 때에 따라 간단하게 작성해서 빨리 올리는 것이 나을 수도 있지만, 이왕이면 상세 설명을 정성스럽게 작성해서 올리는 것이 더 보기 좋습니다. 저는 PC 메모장 위젯에 미리 만들어놓은 상세 설명 템플릿을 띄워놓고 매번 복사해서 붙여넣은 후 수정합니다.

매물 등록 시 기입해야 하는 정보가 많은데, 비슷한 매물들이 많으면 보는 입장에서 헷갈릴 수 있으니 상세 설명에서 중요 포인트만 정리해서 기입해요.

아래는 제가 쓰는 상세 설명 템플릿이에요. 여기서 해당 매물의 상세 내용만 수정합니다.

■ 매물 안내 ■

♫ 하이필드 지식산업센터

▷ 분양면적 :　　평 / 전용면적 :　　평
▷ 매매가 :
▷ 기보증금 :
▷ 기타 특징
- 발코니 확장 48평
- 냉난방 4대
- 룸3
- 탕비실
- 입주 3월 말 이후 협의

==========================
♥ 집사임당 공인중개사사무소 ♥
안양 상업용 부동산 전문
☎ 0 1 0 · 1 2 3 4 · 5 6 7 8
==========================

(왼쪽에 이어진 내용)

◆ 유튜브 : 집사임당
https://youtube.com/@korean_realtor
◆ 블로그 : 집사임당
https://blog.naver.com/jibsaimdang

==========================

광고를 올리지 못한 매물도 많으니 문의를 주시면 성심성의껏 최고의 매물 찾아드리겠습니다.

집사임당 공인중개사사무소
☎ 031-123-4567

안양 지식산업센터/사무실/공장/사옥
언제든 연락해주세요♥

직방, 다방, 네모 등의 유료 플랫폼

요즘은 네이버 부동산도 굉장히 편해지기는 했지만, 그래도 원·투룸 시장에서는 여전히 직방, 다방의 쉽고 편한 인터페이스는 못 따라가는 것 같아요. 특히 대학가 근처에서 원·투룸 임대 매물을 주력으로 다룬다면, 직방·다방 플랫폼은 필수입니다.

다방은 직방에 비해 저렴하지만 제 개인적으로는 크게 효과는 못 봤고, 직방은 비싸긴 했지만, 정말 시도 때도 없이 연락이 오고 계약도 정말 많이 했어요. 뭐가 더 나은지는 지역마다 다른 것 같아요. 이용할 계획이 있다면 처음에 둘 다 해보고 콜이 더 자주 오는 것 하나를 정해서 하시는 것을 추천해요. 둘 다 하면 좋겠지만 가격이 비싸니까요.

원·투룸은 매물도 자주 많이 나오고 또 한두 달 내로 빨리 빠지는 편이에요. 앞에서도 한 번 언급했지만 원·투룸의 경우 1명의 소유자가 여러 개의 호실을 가진 경우가 많아요. 그래서 한번 빠르게 세입자를 구해주고 거래가 트이면 다른 호실들의 매물이 나왔을 때 먼저 받기 쉬워요.

원·투룸은 다양한 새로운 매물을 받는 것보다는 내 사무실과 가깝고 나를 신뢰하는 소유자의 원룸 건물 하나를 통으로 임대관리를 하는 것이 훨씬 실속 있어요. 그래야 내가 구해준 세입자가 나중에 집을 뺄 때도 소통하기 더 편하고, 임대인의 성격이나 계약 시 중요하게 생각하는 점을 이미 알기 때문에 추후에 컴플레인이 들어오거나 분쟁 등을 예방할 수도 있어요. 더 나아가 나중에 그 건물을 매매하게 되는 경우에도 다른 낯선 부동산 중개사무소보다는 임대관리를 해준 부동산 중개사무소에 맡기게 됩니다.

원·투룸 매물을 많이 취급하신다면 직방이나 다방을 함께 이용하는 것을 추천합니다. 광고비는 투자하면 그 이상의 손님과 계약이 나옵니다. 다만, 내 광고가 잘 나가고 있는지, 어떻게 보이는지 수시로 체크하고 관리해야 합니다.

상가·사무실에 가장 유명한 플랫폼은 직방 자회사인 '네모'인데, 직방만큼 이용량이 많지는 않습니다. 그리고 상업용 부동산은 다른 플랫폼을 이용하는 것보다 본인의 자체 홈페이지, 블로그, 유튜브 등을 통해 마케팅을 하는 중개사분들이 훨씬 많습니다.

블로그
마케팅

1. 블로그와 유튜브는 꼭 해야 하는가?

공인중개사의 99%는 '블로그 해야 하는데…', '유튜브 해야 되는데…'를 입에 달고 삽니다. 심지어 이미 둘 다 하고 있는 저 또한 그 이야기를 달고 살아요. 그만큼 시작하는 것도 중요하지만, 성실하고 꾸준히 하는 것이 더 어려운 것이 바로 블로그와 유튜브입니다. 이 '성실히', '꾸준히'라는 커다란 산 때문에 중개업에서 블로그 마케팅은 영원한 블루오션이 아닐까 싶습니다.

블로그는 게시글을 꾸준히 올리지 않으면 상위노출이 되던 게시물이 다시 내려가고 방문자 수도 줄어듭니다. 페달을 굴리다가 멈추면 넘어지는 두발자전거처럼요. 그래서 꾸준히 게시글을 올려야 하는데, 그 꾸준함을 유지한다는 게 쉬운 일이 아니기 때문에 적어도 제 사무실 주변으로는 눈에 띄는 경쟁자가 몇 안 됩니다. 대신 잘하지 못해도 꾸준하면 된다는 방증이기도 해서 못 할까 봐 주저하지 마시고 블로그는 꼭 하시기를 추천해드립니다.

블로그는 글자 수나 직접 찍은 고화질의 사진도 중요하지만, 규칙적으로 꾸준하게 포스팅을 발행하는 것이 가장 중요합니다. 그래서 처음부터 너무 어렵게 하면 중도 포기할 가능성이 크기 때문에 어렵지 않은 내용으로 먼저 습관을 들여야 해요.

부동산 중개업을 하며 블로그를 처음 시작하신다면 다음 3가지 주제를 추천해드려요.

① 중개 일기 & 서평 & 지역 소개(맛집, 장소 등)
   - 쓰기 부담 없는 주제들로 습관 형성 목표

② 부동산 정보 & 중개관련 법령 정보
   - 스스로 공부하기 위해, 고객에게 설명하는 연습, 유입량 증가

③ 매물 광고(+단지 소개, 건물 소개, 시세 정보 포함)
   - 유효 고객에게 직접적인 효과

저는 부동산 정보 올리는 것으로 블로그를 시작했어요. 내가 공부하면서 그것을 정리한다 생각하고 포스팅했어요. 맨 처음에는 《부동산 상식사전》이라는 책을 펼쳐서 챕터별로 나와 있는 부동산 기초 내용을 숙지한 뒤, 책을 덮고 손님에게 설명한다고 상상하며 글을 썼어요. 그 이후에는 부동산 중개 업무를 하면서 궁금한 내용이 생기면 관련된 책을

찾아서 읽어보고 독후감을 쓰거나, 그 책에 나온 내용 중 하나를 주제로 정해 포스팅을 하기도 했어요.

그래서 제가 블로그에 포스팅하는 정보성 글은 제가 잘 알아서 하는 내용보다는 몰랐던 내용을 조사하고 공부한 뒤 포스팅하는 것이 더 많아요. 우연히 새롭게 알게 된 내용도 잊지 않기 위해 블로그에 기록해두는 편이에요. 중개업 초창기의 저에게 블로그는 마케팅이라기보다는 제 공부를 위한 것이었어요. 공부한 내용이 쌓이니 손님 응대하기가 좀 더 수월해졌고, 점차 습관이 되니 글 쓰는 것도 편해졌어요.

하지만 중개업에 필요한 어느 정도의 기본적인 내용을 숙지하고 나니 이런 법률 지식이나 부동산 정보 포스팅만 해서는 '중개업을 위한 마케팅'에 직접적인 효과는 작다는 판단이 들었어요. 오히려 나와 상관없는 먼 지역에서 포스팅 내용에 대해 문의 전화가 자꾸 와서 일해야 하는데 방해가 되고 곤란한 적도 많았지요. 직접적으로 계약과 연결되는 효과는 누가 뭐래도 '매물 광고'가 제일 좋습니다.

2. 블로그 초보를 위한 중개업 블로그 마케팅

(1) 일단 시작하기

블로그를 일단 개설하는 것이 중요해요. 뭐라도 하나 올리는 게 중요하고요. 자꾸 잘하려고 하지 말고, 잘하는 다른 사람 것을 보고 주눅 들지 말고 일단 그냥 시작해야 해요. Just Do It !! 잘하는 사람들도 맨 처음에 올린 게시글을 보면 절대 능숙하지 않습니다. 저도 그랬고요. 촌스럽고 글도 하나도 안 읽혀요. 매일매일 하면서 점차 다듬어진 거예요. 누구나 처음이 있어요. 점점 발전한 거지, 태어날 때부터 잘하는 사람은 없답니다.

블로그는 성실하고 꾸준히 내가 직접 쓴 게시글과 사진을 올리는 것이 가장 중요합니다.

(2) 내가 궁금한 부분 공부하면서 포스팅하기

요즘은 네이버에서 한 가지 주제로 일관성 있게 키우는 블로그를 밀어준다고 해요. 우리는 결국, 부동산 매물 광고 블로그로 쓸 것이기 때문에 카테고리를 '비즈니스/경제'로 하는 게 좋아요.

(출처 : 네이버)

'소공'이든 '개공'이든 중개업이 처음이라면 어차피 잘 모르는 것은 매한가지이기 때문에 부동산 관련 책을 읽고 공부하면서 동시에 부동산 정보 포스팅을 해나가면 좋아요.

《부동산 상식사전》은 부동산 박사이자 공인중개사인 백영록 작가의 책이에요. 중개업을 하며 배운 지식과 필요한 정보들을 최대한 쉽게, 초보자의 눈높이에 맞춰 쓴 책이에요. 저는 이 책을 참고하면서 한 가지 주제씩 읽고 그 주제를 다시 고객에게 설명해본다는 마음으로 블로그에 포스팅했었는데, 정말 많은 도움이 됐어요(중개 실무강의인 네오비에서 추천을 받아 시작한 방법이에요).

이현정 작가의《오늘부터 1000만원으로 부동산 투자 시작》은 경매 전문가 엄마가 아들에게 부동산에 대해 알려주는 콘셉트의 책이에요. 부린이를 위한 책이기 때문에 내용도 쉽고 글로 다시 쓰기도 정말 편해서 좋았어요. 부동산 공부 머리 만들기부터 입지, 학군, 아파트와 빌라, 오피스텔, 땅의 종류, 건폐율과 용적률 등, 중개사가 알아둬야 할 내용이 쉽게 설명되어 있어서 포스팅용으로 추천합니다.

(출처 : 집사임당 네이버 블로그)

제가 블로그에 꾸준히 공부하며 올렸던 내용이에요. 섬네일은 그냥 파워포인트에서 흰 바탕에 글씨만 써서 통일감 있게 올렸어요. 부동산 정보성 블로그를 하면서 공부를 정말 많이 하게 된 것 같아요. 포스팅

하나 올리는 데 시간이 정말 오래 걸렸지만, 신기하게도 '아는 만큼 보인다'라고 내가 올린 내용을 꼭 그다음에 손님이 질문을 하면, 바로 대답할 수 있었고, 이런 선순환이 반복됐어요.

이때는 조회수보다는 '부동산에 대해 공부하자'라는 것이 목적이었기에 길고 자세하게 적었어요. 만약 조회수나 이웃수 증가가 목적이라면 조금 더 짧고 가볍게 대중적인 내용으로 자주 포스팅하는 게 훨씬 유리합니다.

(3) 매물 광고 시작
- 벤치마킹할 블로그들을 몇 개 정하고, 그 틀을 따라 하기

블로그 마케팅에서 가장 중요한 내용이에요. 잘하기 위해서는 많이 봐야 해요. 많이 보고 많이 검색해봐야 내가 원하는 해당 키워드를 검색했을 때 상위에 노출되는 블로그들의 특징을 알 수 있게 돼요.

'내가 고객이라면 뭐라고 검색을 할까?', '어떤 키워드를 검색할까?'에대해 계속 고민해보고 그 키워드를 검색했을 때, 상위에 나오는 블로그들을 몇 개 정해서 따라 해요(블랙키위, 판다랭크와 같은 키워드 검색 사이트를 통해 사람들이 어떤 검색어를 많이 입력하는지 할 수 있어요).

처음에는 벤치마킹이 가장 중요합니다.

내용을 그대로 베끼라는 것은 절대 아니니 주의해주세요. 내용을 베끼라는 게 아니라 프레임, 템플릿, 구조를 따라 하라는 말이에요. 당연히 세부 내용과 사진은 내가 작성한 나의 내용으로 써야 해요. 글씨 크기는 어떤지, 가운데 정렬인지 왼쪽 정렬인지, 사진과 대표 사진 구성을 어떻게 했는지, 지도는 넣었는지 등을 벤치마킹해서 내 매물 정보로 바꿔요. 너무 포스팅 하나하나에 정성을 들이면 힘들어서 매일 하기 힘들고, 하다가 중도 포기하게 되니 나에게 맞는 쉬운 방법을 찾아서 해야 합니다.

(4) 템플릿 글쓰기

매물 광고를 유심히 보면 처음과 끝 내용은 똑같고(중개사무소 소개, 명함 등) 속 알맹이의 세부 내용만 다른 경우가 있어요. 처음 글 쓴 내용을 템플릿으로 만들어놓고 속 내용만 바꿔 작성하는 방법인데요. 바로 '템플릿 글쓰기'라는 거예요.

(출처 : 집사임당 네이버 블로그)

우선 매물 포스팅 하나를 정성스럽게 구성합니다. 포스팅의 맨 위와 아래는 고정으로 들어갈 내용으로 배치해주시고요. 그다음, 우측 상단의 템플릿 → 내 템플릿 → +현재 글 추가를 누르면 내가 저장한 프레임을 저장할 수 있어요.

이렇게 저장해두면 다음에 쓸 때 저장된 템플릿을 누르면 다시 불러오기를 할 수 있어요. 그럼 맨 위와 맨 아래 내용은 그대로 두고(혹은 일부 내용만 변경) 매물 상세 내용과 사진 등 속 알맹이만 바꾸면 비교적 쉽게 포스팅할 수 있어요.

이렇게 해서 매물만 계속해서 올릴 매물 전용 블로그도 하나 만들면 좋아요. 키워드 검색으로 광고 효과도 있을뿐더러 자체 홈페이지로 사용할 수도 있고, 파워링크 랜딩 페이지로 쓸 수 있어서 매물 전용 블로그는 활용도가 좋아요.

매물 전용 블로그   (출처 : 집사임당 네이버 블로그)

3. 블로그 매물 광고 시 주의사항

유튜브, 인스타그램, 블로그 등 SNS를 통해 매물 광고를 할 경우, 공인중개사법 적용 대상입니다.

중개대상물에 관한 표시·광고 명시사항을 준수(국토교통부고시 제2020-595호 참조)해야 하며 중개대상물 종류에 따라 그 내용이 조금 상이하므로 내가 어떤 대상물을 광고할 것인지에 따라 명시사항을 꼭 확인한 후, 빠짐없이 기재해야 규정 위반에 해당하지 않아요.

• 부당한 표시·광고 위반

'공인중개사법' 제18조의2 제4항

'부당한 중개대상물 표시·광고 행위의 유행 및 기준'

- 중개대상물이 존재하지 않아서 실제로 거래할 수 없는 중개대상물 표시·광고

  예시) 의뢰받지 않았음에도 개업 공인중개사가 임의로 중개대상물로 표시·광고를 하는 경우

- 중개대상물이 존재하지만 실제로 중개의 대상이 될 수 없는 중개대상물 표시·광고

  예시) 개업 공인중개사가 중개대상물에 관한 거래계약서를 작성하는 등 계약이 체결된 사실을 알고 있음에도 불구하고 지체 없이 해당 표시·광고를 삭제(또는 비공개)하지 않는 경우 등

- 중개대상물과 관련된 문제점을 일부러 지적하는 등 해당 중개대상물에 대한 중개 요청에 응하지 않고 고객에게 다른 중개대상물을 계속 권유하는 경우

• 거짓 과장의 표시·광고 위반

- 중개대상물의 가격 등 내용을 사실과 다르게 거짓으로 또는 현저하게 과장해서 하는 표시·광고

• 기만적인 표시·광고 위반

- 중개대상물의 입지 조건, 생활 여건, 가격 및 거래 조건 등 중개대상물 선택에 중요한 영향을 미칠 수 있는 사실을 빠뜨리거나 은폐·축소하는 등의

Q 계약이 체결되면 블로그에서 해당 매물을 삭제해야 하나요?

A 내가 직접 계약한 매물이라면 모든 광고에서 내려야 합니다.

내가 계약한 건이라면 네이버 부동산이든, 블로그든, 유튜브든 모든 매체에서 비공개 또는 삭제해야 해요. 만약 다른 중개사무소에서 계약한 매물이라면 그것은 내가 내려야 할 의무는 없어요. 대신 다른 중개사무소에서 한 계약이든 내가 계약한 건이든 '계약 완료', '거래 완료' 이런 문구를 쓰는 순간, 단속 대상이 될 수 있어요.

그래서 블로그를 하실 때 힘들게 물건을 올렸는데 다른 데서 계약할까 봐 아깝다는 생각을 하지 않으셔도 됩니다. 그냥 매물 하나하나를 내 포트폴리오 만든다고 생각하고 올리면 재산이 됩니다. 설령 블로그 지수가 너무 떨어지거나 유입이 잘 안 된다고 해도 이 매물 블로그는 내가 물건을 파악하는 데 도움이 될 뿐만 아니라 홈페이지나 파워링크 랜딩 페이지로 활용하면 되니 매물 전용 블로그는 꼭 만드시기를 추천해요.

- 표시·광고 플랫폼의 종류·방식 등을 불문하고, 거래가 완료된 중개대상물임을 알고도 표시·광고를 방치하는 경우에는 부당한 표시·광고에 해당해 과태료 부과 대상에 해당함.

- 일부 중개플랫폼의 경우, '거래 완료'로 표시·광고된 중개대상물의 거래대금이 실제 거래대금과 다른 경우가 빈번해 소비자에 오인, 혼동을 줄 우려가 있어 이를 예방할 필요가 있음.

- 계약일 이후 표시·광고를 방치해 감시센터 신고 또는 실거래 기반 모니터링을 통해 적발되는 경우 규정 위반 의심 광고로 분류

(5) 섬네일은 통일감 있게 미리캔버스로 제작

미리캔버스, 망고보드, 캔바 등의 사이트는 부동산 카드, 섬네일, 이미지카드 만들기에 최적화된 사이트예요. 저는 대부분의 섬네일과 대표 사진을 전부 미리캔버스로 만든답니다. 요즘은 캔바도 많이 씁니다. 3가지 사이트를 비교하셔서 더 쉬운 쪽으로 선택해서 활용해보세요!

- 미리캔버스 - https://www.miricanvas.com
- 캔바 - https://www.canva.com/ko_kr/
- 망고보드 - https://www.mangoboard.net/

유튜브
마케팅

유튜브에 관해 이야기하기에 앞서 저도 유튜브를 처음 시작할 때 굉장히 큰 용기가 필요했어요. 활발한 성격이기는 했지만 나를 내려놓고 대중매체에 얼굴을 공개하고 영상을 찍는 게 굉장히 부담스러웠어요(아직도 재미있는 영상이나 활동적인 모습이 담긴 영상은 어렵습니다).

그런데 한번 벽을 허물고 나니까 별것이 아니라는 생각이 들었고, 하면 할수록 용기가 생기는 것 같아요. 여기저기 퍼지다 보니 악플이 달릴 수도 있고, 시비 거는 사람들도 생기긴 하는데, 그러거나 말거나 정신이 필요합니다. 그리고 이조차도 어느 정도 영상이 퍼져야 가능한 일이니 감사하게 생각해야죠.

저는 유튜브에서 3가지 종류의 주제로 영상을 올리고 있어요. 그 3가지는 '젊은 중개사가 일하는 꿀팁', '부동산 초보를 위한 정보', '온라인 브리핑'입니다. 최근에는 트렌드에 맞춰 숏폼으로 매물 광고도 시작했어요. 아직도 유튜브 초보이기 때문에 방향성에 대해서는 고민이 많아요. 하지만 어쨌든 유튜브를 시작했고, 유튜브를 통해서 계약도 하고 매물도 많이 받기 때문에 매물 광고에 관해 이야기해볼게요.

1. 유튜브 시작하기

일단 채널 개설하는 방법을 찾아본 후에 채널을 개설하세요. 그것부터가 시작입니다. 유튜브 방향에 관한 이야기는 가치관이나 목적이 다르니 이 책에서는 매물 브리핑용 유튜브를 하는 방법에 대해 다루어볼게요. 유튜브도 블로그와 마찬가지로 벤치마킹이 필요합니다. 유튜브는 많은 사람들이 시작해서 레드오션이라는 말이 있지만, 부동산 중개 시장에서는 하는 사람보다 안 하는 사람이 훨씬 많고, 또 꾸준히 지속하는 사람은 정말 몇 없기 때문에 여전히 블루오션이자 메리트가 있다고 생각해요.

2. 영상 편집하기

매물 광고를 위한 유튜브도 블로그와 마찬가지로 템플릿을 활용하면 됩니다. 저는 휴대폰으로 매물을 촬영해서 갤럭시 탭으로 편집을 하는데요. 촬영은 짐벌을 사용할 때도 있지만, 대부분은 그냥 손으로 휴대폰을 들고 찍습니다. 심플 이즈 더 베스트(Simple is the best)!

동영상 편집 어플은 블로(Vllo)를 사용하고 숏폼은 캡컷(Capcut)을 사용해요. 초보자들에게 블로나 캡컷은 정말 간단하고 편해서 좋습니다. 키네마스터나 Adobe 프리미어 프로도 써봤는데 촌스럽거나 너무 어렵거나 개인적으로 별로였어요. 전문 영상 편집자가 될 것이 아니고 중개업을 하며 이용하기에는 사용법이 직관적이고 간단한 블로와 캡컷이 가장 좋습니다. 매물 영상은 만들어놓은 템플릿을 복사해서 속 내용만 바꿔서 편집하면 되기 때문에 한번 해놓으면 누구나 쉽게 할 수 있습니다.

3. 매물 영상의 효과

매물 광고는 사실 재미가 없습니다. 물론 고급 주택 등의 경우는 그 자체로 호기심 충족, 재미와 힐링이 되는 부분이 있으나 모든 중개사가 고급주택을 중개하는 것은 아니니 일반적으로는 매물 광고는 재미를 위한 영상은 아니에요. 내부를 촬영해서 최대한 실제처럼 느끼게 하는 것이 목적이기 때문에 대중적이지 않아서 조회수도 잘 안 나와요. 하지만 매물에 관심이 있는 유효 고객에게는 내부 컨디션이나 분위기, 그리고 시설 상태 등을 방문 전에 미리 한 번 볼 수 있으니 도움이 됩니다. '이 정도의 컨디션이면 이 정도 가격이구나' 하는 기준을 잡아줄 수도 있고, 직접 찍은 매물로 영상을 만들기 때문에 중개사 자체에 대한 신뢰도 생깁니다. 매물을 당장 보러 올 시간이 부족한 손님이나 여러 매물을 보고 싶은데, 시간적으로 부담이 되는 손님에게 이런 매물은 어떤지 다양한 영상을 통해 편의를 제공하게 됩니다.

그리고 저의 경험상 유튜브 영상은 물건을 찾는 사람보다는 물건을 내놓는 사람에게 더 매력적으로 보이는 것 같아요(물론 영상을 보고 문의가 와서 계약한 경우도 있지만요). 내가 내놓은 매물을 열심히 홍보해준다는 느낌을 주기 때문에 유튜브 영상을 보고 비슷한 매물을 내놓는 고객들이 많았어요.

영상을 처음부터 끝까지 하나하나 자세히 보는 손님은 아무도 없어요. 자세히 보는 사람은 '나', 그리고 내 것을 따라 하려는 '다른 중개사'뿐입니다. '틀리면 어떡하지?' 하는 걱정은 하지 마시고 틀린 것이 있으면 내용에 수정문구를 올리면 되기 때문에 부담 없이 편하게 하면 됩니다.

(출처 : 집사임당 유튜브)

4. 섬네일

매물 광고의 섬네일은 통일감 있게 제작하되, 중요한 내용이 큼직하고 뚜렷하게 보이는 것이 좋습니다. 그리고 손님 입장에서 보기 편한 제목을 뽑습니다. 예를 들어, 똑같은 지식산업센터라도 매매는 '지역 + 근처 역이름 + 지식산업센터 매매'라던지, '실투자금 ○○원, 수익률 ○○%' 이런 식으로 고객 입장에서 관심 있을 만한 문구를 적어야 해요. 또 지식산업센터 임대라면 '지역 + 사무실 임대 + 전용 ○○평' 이라고 제목을 넣어요. 지식산업센터의 임대 매물 고객은 지식산업센터인지, 아닌지는 중요하지 않고, 사무실 임대인 것이 더 중요할 테니까요. 아파트의 경우도 무슨 동, 무슨 아파트가 아니라 '한강뷰 ○○평 아파트', '역세권 아파트 실투자금 ○○만 원', 이런 식으로 특징을 살려 제목을 지으면 좋습니다. 유명한 브랜드 아파트라면 브랜드 이름을 적는 것도 좋아요.

제목에는 매물번호를 적으면 좋아요. 손님에게 문의가 왔을 때 어떤 영상을 보신 것인지 번호를 물어보면 소통하는 데 효율적이에요. 손님이 번호를 알려주면 저는 엑셀 DB에서 매물을 찾아 소유자 연락처를 확인 후 매물이 살아 있는지 확인합니다.

5. 얼굴 없이 매물만 빨리 많이 올릴 것인가? VS 얼굴을 넣어 신뢰를 줄 것인가?

저는 온라인 브리핑 콘셉트로 제 모습도 함께 노출시켜서 신뢰를 높이는 전략을 세웠어요. 솔직히 얼굴이 노출되면 없는 것보다는 호기심이 자극되어 클릭수도 좋아질 테니 그것도 조금은 노렸습니다. 그런데 아무래도 컨디션이 안 좋은 날은 외모가 신경 쓰이기도 하고, 브리핑할 때 말이 꼬이는 것도 신경 쓰이고, 화면과 저의 싱크를 맞추느라 편집을 할 때도 시간이 오래 걸리는 단점이 있어요.

그래서 그 단점을 보완하기 위해 숏폼(쇼츠)을 함께 하고 있어요. 시간이 없고 바쁠 때는 30초에서 1분짜리 숏폼 영상으로 온라인 브리핑 없이 그냥 매물만 간단하게 찍어 올립니다. 마찬가지로 프레임을 만들어 놓고 내용만 바꾸는 것이기 때문에 굉장히 간단하고 쉬워요.

(출처 : 집사임당 유튜브)

• 인스타, 페이스북, 유튜브 숏폼 등, 모두 똑같은 영상 1개로 여러가지 SNS에 올리고 있어요. 원 소스 멀티 유즈(One source multi use)!

6. 유튜브 매물 광고의 장점들

유튜브 매물 광고의 장점은 다음과 같아요.
① 매물 영상을 찍고 내용을 정리해 업로드하면서 그 매물에 관한 내용을 숙지하게 됨.
② 혹시나 체크하지 못한 부분이 있으면 내가 업로드한 영상을 보고 다시 확인할 수 있음.
③ 영상이 있으니 계약 당시 현 상태를 증거로 남기기 좋음.

④ 유튜브를 보고 오신 손님은 나에 대한 신뢰가 커서 다른 곳으로
   이탈이 적음.
⑤ 유튜브 매물 광고를 보고 새로운 유사 매물이 많이 들어옴.

이 5가지의 메리트도 크지만, 장기적으로는 '나 자신에 대한 브랜딩'
을 지속해야 해요. 나 자체를 신뢰해서 대체되지 않을 만한 중개사가 되
어야 한다고 생각합니다. 유튜브는 이미 레드오션이니 뭐니 해도 주변
에서 유튜브를 꾸준히 잘하는 공인중개사는 100명 중 1명도 안 됩니
다. 브랜딩을 위한 마케팅 수단으로 유튜브는 정말 훌륭한 플랫폼입니
다.

파워
링크

1. 파워링크 - https://searchad.naver.com | 네이버 검색광고

파워링크는 네이버에서 제공하는 여러 검색 광고 상품 중 하나로 '사이트 검색 광고'입니다. 파워링크를 이용하게 되면, 내가 원하는 여러 키워드를 등록하게 되는데, 소비자가 그 키워드를 검색했을 시 내가 등록한 랜딩 페이지(홈페이지나 블로그)가 노출되어 클릭을 유도하는 상품이에요.

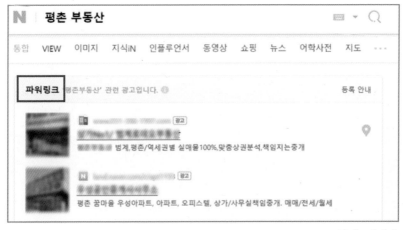

(출처 : 네이버)

나의 랜딩 페이지가 네이버 검색 결과 화면의 상단에 노출되려면 키워드 가격 설정 단계에서 높은 순위의 입찰가를 적용하면 됩니다. 내 사이트가 노출된다고 비용을 받는 것은 아니고, 클릭하게 되면 클릭수에 비례해서 내가 충전해놓은 금액에서 차감되는 형태예요.

키워드에 따라 다르겠지만 검색량이 많은 대형 키워드의 경우 1순위 자리는 매우 비쌉니다. 3~5순위에만 세팅해도 충분히 노출되고 효과가

있어서 저는 입찰가가 저렴한 것은 3위, 너무 비싸다 싶으면 5위 정도로 세팅합니다.

(출처 : 네이버 검색광고)

그리고 하루 예산을 제한해서 그 예산을 초과하면 자동으로 노출이 중단되어 과도한 비용이 나가지 않도록 세팅해두었어요.

파워링크를 이용하면 '○○ 역세권 아파트', '○○ 근처 사무실 임대' 등 유효한 키워드 검색 시 화면 상단에 노출되어 효과를 본 사람한테는 '둘도 없는 효자'이지만, 클릭당 비용이 나가기 때문에 효과를 못 본 사람한테는 '돈만 축내는 골칫덩어리'예요. 특히 대행사를 통해서 했다가 큰돈 나가고 후회하시는 분들을 많이 봤어요. 대행사에서는 인기 많은 키워드를 다 걸어놓고 입찰가도 높은 순위로 설정하는 경우가 많아 당연히 노출도 많이 되고 유입도 많겠지만, 유효 고객이 아니기 때문에 효과는 거의 없습니다. 블로그든, 파워링크든 중개사 본인이 어떤 시스템인지 꼭 숙지하고 직접 할 줄 알아야 해요. 그래야 남에게 시키더라도 손해를 안 본다는 사실을 꼭 기억하셔야 합니다.

2. 파워링크 100% 잘 활용하는 방법

저도 처음에는 파워링크를 잘못 사용해서 돈만 계속 나가고 효과는 하나도 못 봤던 시기가 있었어요. 키워드를 등록하는 방법은 간신히 배웠고 노출도 되고 충전금액도 계속 차감되는 것이 보이는데, 손님 문의는 하나도 없어서 이유를 알 수 없었어요.

그러다가 인터넷에서 우연히 본 사진 한 장에 이마를 '탁' 쳤답니다. 바로 아래 사진이에요.

(출처 : 트위터)

제가 파워링크라고 하고 있던 행동이, 마치 문의할 전화번호 같은 것 하나 없이 딱 내용만 적어둔 이 '치악산 복숭아 당도 최고'처럼 느껴졌어요. 그 당시에 제 블로그에는 부동산 정보 글만 가득했고, 매물에 대한 광고나 중개사무소에 대한 광고가 전혀 없었어요. 그런 블로그를 랜딩 페이지라고 걸어놓았으니 '○○사무실 임대' 정보가 필요해서 키워드를 검색하고 들어온 고객은 본인이 찾는 정보가 없으니 그대로 이탈했던 거죠. 내 블로그까지는 끌어다 놨으니 손님이 알아서 나에게 문의할 것이라는 대단한 착각을 했던 거예요.

파워링크에 설정한 키워드들이 매물을 찾는 손님을 타깃으로 하는 것이라면, 고객이 클릭했을 때 나오는 홈페이지도 한눈에 매물들을 비교해볼 수 있는 랜딩 페이지여야 해요.

| 랜딩 페이지(landing page) |

랜딩 페이지는 검색 엔진, 광고 등을 경유해서 접속하는 이용자가 최초로 보게 되는 웹페이지로, 링크를 클릭하고 해당 웹페이지에 접속하면 마케터가 의도한 행위를 하도록 하는 페이지를 의미한다.

큰 깨달음을 얻은 뒤 새로 바뀐 랜딩 페이지예요.

Before   After

(출처 : 집사임당 네이버 블로그)

비포와 애프터를 비교해보면 한눈에 보기에도 매물이 굉장히 많아 보이고 전문성 있는 사무소로 보이지 않나요?

이렇게 매물에 관련된 키워드로 고객을 유입시킬 거라면 랜딩 페이지도 매물 관련 홈페이지나 블로그가 되어야 합니다. 현재는 정보성 블로그와 매물 전용 블로그 두 개를 따로 운영하고 있어요.

VIII

클로징 &
계약서 작성

고객이 계약하게 만드는
여러 가지 기술

1. 너무 많은 선택지는 오히려 독

매물이 많은 것은 정말 중요해요. 그런데 손님에게는 비슷한 매물이 10개가 있다고 해서 처음부터 10개를 다 보여줄 필요는 없어요. 저도 예전에는 고객이 어떤 것을 선택할지 모르니까 비슷한 매물로 최대한 많이 보여주자는 마인드였는데, 너무 많은 매물을 보여주면 '아, 매물이 많은가 보다. 또 다른 것은 없나?' 하고 고민하게 되고, 괜히 다른 중개사무소에도 가보게 됩니다. 그렇게 매물을 많이 본 손님은 생각이 많아지고, 중개사한테 미안해서 정작 요구는 못 하고 우물쭈물하다가 다른 중개사무소에 갈 수도 있어요.

하지만 성의 없이 보여주라는 의미가 절대 아니에요. 최선을 다해 고객이 원하는 물건을 찾아서 보여주되 너무 비슷한 것을 여러 개 보여주지는 말라는 말이에요. 이사 날짜나 잔금 날짜, 구매력 등을 체크하며 정말 유효한 손님인지 확인도 해야 합니다. 10번을 보여줘도 안 하는 사람은 안 하고 정말 할 사람은 1~2개 보여줘도 합니다. 처음부터 모든 매물을 오픈해서 보여주지 마세요. 3개 정도면 적당하고 그 안에서 선택을 못하는 경우 대화를 통해 원하는 것이 무엇인지 파악해서 그에 맞는 매물을 추가로 보여주는 것이 좋아요.

2. 가격 및 조건 조율해주기

매도인이나 임대인은 비싸게 팔고 싶어 하고, 매수인이나 임차인은 싸게 사고 싶은 것은 인간의 당연한 심리입니다. 양쪽의 니즈를 100% 딱 맞출 수는 없어요. 그래서 이 둘 사이의 가격 및 조건을 조율하는 것은 필수 코스예요. 원만한 협상이 중개사의 능력이기도 하고요.

부동산 거래를 많이 해본 고객들은 애초에 물건을 내놓을 때, 가격이 깎일 것을 예상하고 "광고는 A가격으로 올려주시고, 마지노선은 B가격까지 가능해요"라고 미리 언질을 주기도 해요. 입 밖으로 내뱉은 호가와 달리 마음속에 얼마까지는 양보할 용의가 있기 때문에 일단 손님을 데려와서 마음에 들면 가격 조정이나 옵션 추가 등은 협의해볼 수 있어요. 그러니 이 부분은 물건을 내놓았을 때 정보만 가지고 된다, 안 된다 단칼에 자르지 말고, 한번 요청해보겠다고 이야기해서 손님을 잡아두는 게 중요해요.

전월세 거래에서도 마찬가지예요. 전세로 매물이 나왔는데 손님의 보증금이 모자라면, 반전세로 돌려서 일부는 월세로 내는 방법도 있어요.

1억 원당 40~50만 원 정도의 전월세 전환율이 지역마다 다르게 있어요. 전월세 전환율은 금리의 영향을 가장 많이 받지만, 지역에 따라서도 (매물수나 수요량 때문) 차이가 있으니 미리 체크했다가 협의해주면 좋아요 (렌트홈의 임대료계산기를 이용해도 좋습니다).

설령 조정이 안 된다고 하더라도 이런 조율에 대한 시도는 많이 해봐야 손님들과 이야기할 때 겁내지 않고 설득하는 노하우가 생겨요. 그다음 손님이 비슷한 상황이라면 "이렇게 조율을 시도해봤는데, 안 되더라"고 말할 수 있는 스토리가 생기고요. 임대인이나 매도인도 매물을 받고 연락 한 번 안 오는 중개사보다는 가격 조정은 못 해줬지만 계속해서 전화가 오고, 거래해주려고 신경을 쓰는 중개사에게 마음이 끌리기 마련입니다. 내심 미안한 마음도 생기고요.

'중개사무소 계약 건수는 통화량에 비례한다'라는 말이 있어요. 그만큼 고객과 많이 이야기하며 조율하고 설득해보세요. 고객들도 그래야 알아줍니다. 손님들은 내가 얼마나 열심히 일하는지 몰라요. 그런 노력을 계속 보여줘야 고객도 중개사를 신뢰하고 중개보수가 아깝지 않다는 생각이 들게 됩니다.

3. 가격 깎는 타이밍

가격 협상에 대한 부분은 중개사가 내 주거래 지역의 매물 평균 시세에 대한 파악이 되었다는 전제하에 가능해요. 여러 번 언급했지만, 내가 중개하는 지역에서 중개대상물 시세를 제일 먼저 파악해야 해요. 예전처럼 직접 계약을 해봐야만 알 수 있었던 시절과 다르게 요즘은 인터넷을 조금만 두드려봐도 시세나 실거래가 확인이 다 가능하니 가격 파악을 꼭 해주세요.

- 실거래가 : 국토교통부 실거래가 조회시스템(http://rtdown.molit.go.kr/)
- 호가 : 네이버 부동산(https://land.naver.com/)
- KB시세(50세대 이상의 아파트/오피스텔) : KB부동산(https://kbland.kr/)

여러 데이터를 통해 주변 시세에 대한 파악이 어느 정도 되었다면 손님을 만나고 대화하며 계약 성공 혹은 실패라는 시행착오를 겪으면서 체득하는 경험도 중요합니다. '이 정도 가격이면 손님이 안 하는구나!', '아, 컨디션에 비해 이 정도 가격은 너무 비싸구나', '이 동네에서 이 가격이면 안 나갈 텐데', '이 정도면 무조건 금방 나가겠구나!'라는 가격에 대한 감이 잡혀야 더욱 노련하게 협상도 할 수 있어요. 또 우리 입장에서는 당장 거래될 만한 가격의 매물이 접수되었다면, 이 매물을 우선순위로 홍보하는 것이 실속 있습니다.

물론 가격에 대한 감이 있다고 한들 처음 매물이 접수되자마자 바로 "이 가격 안 돼요!" 하기는 쉽지 않아요. 고객의 재산인데 내가 마음대로 폄하할 수는 없으니까요. 그래서 일단은 고객이 내놓은 매물은 그 가격으로 접수는 합니다. 그리고 다른 매물의 가격은 어느 정도 선이라고 알려주는 것이 좋아요. 고객도 시세를 몰라서 높게 내놓았을 수도 있으니까요.

그리고 일단 매물이 접수되면 비싸더라도 꼭 한번 가보세요. 그냥 전화로만 접수를 받지 말고 직접 가서 매물을 확인하고 하자나 단점들도 체크해두시는 게 좋아요. 만약 계속 매물이 안 나가서 매물을 내놓은 고객에게 전화가 오면 '그때가 바로 물건값을 깎을 수 있는 타이밍'이에요. 그 매물이 시장에 나온 지 한참 됐는데 안 나간다는 것은 일단 조건에 비해 비싸서인 경우가 대부분이에요. 가격을 깎으면 없던 수요도 발생해서 어떻게든 나갑니다.

부동산 시장이 호황기라 매물이 정말 없다면 물건의 상태가 어떻든 나가요. 욕하면서도 나가요. 시간이 지나도 안 나가는 데는 분명 이유가 있기 때문에 가격을 조정하든, 옵션을 추가하든 손을 봐야 나갑니다. 물론 중개대상물마다 성수기·비수기가 영향을 미치기도 해서 때를 기다리는 것도 하나의 방법이에요. 하지만 실익을 따져서 좋은 선택을 할 수 있도록 우리는 옆에서 도와주고 설득도 해야 한다는 것을 기억해주세요.

4. 나의 시간과 에너지는 한정적임을 기억하기 - 진짜 손님 구별하기

중개업을 처음 시작했을 때는 모든 손님 한 명, 한 명이 정말 소중했어요. 지나가다 길을 묻는 행인까지요. 그런데 점점 바빠지고 일이 많아지다 보니 '내 시간과 에너지는 한정적인데, 모두에게 다 똑같이 쓰면 안 되겠구나' 하는 생각이 들었어요. 매물 임장 가서 촬영하고 DB 정리하고 광고 작업하고 손님들 전화 받고 미팅하고 나면, 하루 1분 1초가 아쉬울 정도로 바빠요. 특히나 저는 아직 어린 자녀를 키우는 엄마다 보니 퇴근이 빨라서 주어진 시간을 쪼개 써야 해요(집에서는 오전 6시부터 일하기 시작합니다).

모든 손님에게 친절한 서비스를 제공해야 하는 것은 맞지만, 모두에게 같은 에너지를 들일 수는 없어요. 정말 계약할 작정으로 오는 손님과 그냥 한번 구경하고 싶어서 들린 손님은 현실적으로 다르니까요. 물론 손님을 가리고 색안경 끼고 보면 안 됩니다. 오늘의 구경이 내일의 계약이 될 수도 있고, 전혀 안 할 것 같던 손님이 갑자기 계약을 하기도 하니까요. 반대로 하나만 더 보자고 계속 끌려다니며 며칠간 온갖 정성을 다 들였는데, 갑자기 연락도 안 되고 잠적하는 사람들도 있어요. 그러니 유효 손님을 구별하는 것은 참 어려운 일입니다. 하지만 진짜 손님을 구별하는 여러 가지 힌트가 있으니 다음을 참고해주세요.

(1) 진짜 손님 구별하는 여러 가지 힌트
① 이사 예정일이 언제인지?
유효한 손님인지를 판단할 때 제일 중요한 질문 중 하나예요. 이사 예정일이 언제인지 물어봐서 1~3개월 안에 꼭 옮겨야 하는 손님은 꽉 잡아야 해요. 이런 손님들에게는 한 번 더 물어보세요. 지금 계신 곳(집, 상가, 사무실 등)은 나갔는지를요.

매물만 내놓은 상태라고 하면 신경을 써주면서도 너무 크게 힘을 들이지 않는 것이 좋고, 있던 곳이 나가서 계약까지 됐다고 하면 이 고객은 무조건 결정해야 하는 사람이니, 최대한 적합한 매물을 찾아주고 계약까지 끌고 가는 것이 좋아요.

기간 조율은 얼마든지 가능하고 여유 있다고 하는 사람은 급하지 않아요. 계획이 얼마든 바뀔 수 있고, 현재 있는 곳의 상황이 어떻게 될지 모르기 때문에 적합한 매물을 찾았다 한들 계약을 못 할 수도 있어요. 이런 분들은 시간적 여유가 허용되는 한도 내에서 무리하지 않는 것을 추천해요. 적당한 매물 1~2개 정도를 보여주고 친절하게 응대하면 정말 필요할 때 다시 연락 옵니다.

② 가용 자금이 어느 정도 되는지?

투자자라면 투자 금액을 어느 선까지 생각하는지, 전세 손님이라면 대출은 어느 정도 받을 생각인지를 확인해보세요. 또, 급매물 같은 경우는 중도금이나 잔금을 빨리 치르는 조건인 경우가 많기 때문에 당장 융통 가능한 가용자금이 얼마 정도 되는지도 대화를 통해 파악하면 좋아요. 구체적으로 계획이 있는 사람과 그냥 물건 한번 보고 싶어 온 손님은 질문했을 때 답변에서 차이가 납니다.

③ 이 지역에서만 보는 것인지?

내 사무실 근처, 또는 내가 취급하는 지역에 한정해서 매물을 찾고 있는 분들은 특별히 신경 써주면 좋아요. 회사가 근처라 도보 거리의 집을 구한다든지, 직원들이 이 근방에 많이 살고 대표도 가까워서 이 근처에서 사무실을 구한다든지 하는 경우예요.

그렇지 않고 지역을 불문하고 구하시는 분들은 가격의 편차가 너무 커서 내가 최선을 다하더라도 한계가 있어요. 그런 분들도 물론 친절하게 안내는 해드리되 너무 멀리까지 다 보여주면서 힘 빼지 말고 사무실 근처 매물 1~2개를 보여드리고 이 위치의 장점을 설명해드리는 게 좋아요.

④ 매물 볼 수 있는 날짜나 시간대

중개업에서는 주말이나 비 오는 날에 집을 보면 계약할 확률이 높다는 말이 있어요. 주말은 다른 약속이 생겨서, 비 오는 날은 귀찮아서 부동산 중개사와의 약속을 취소하고 싶을 수도 있는데, 그 장애물을 뚫고 온다는 것은 진짜 필요하기 때문이라는 거예요. 또 하나, 지방에서 기차표까지 끊어서 서울로 집 보러 올라오는 케이스는(특히 대학가 근처 원·투룸의 경우) 99.9% 당일에 계약하고 내려갑니다. 저는 무조건 제가 계약시켜서 내려보냈어요.

⑤ 부동산 중개사무소에 몇 번째 방문인지 물어보기

매물을 보여주기 전에 이 부동산 중개사무소에 처음 방문한 것인지, 아니면 다른 데서 몇 군데 보고 온 것인지 물어보세요. 다른 곳도 많이 방문했다고 하면 내가 보여주려는 매물이 이미 본 것은 아닌지도 확인하는 것이 좋아요. 막상 보러 갔는데 이것은 봤다고 하면 힘도 빠지고, 다른 곳에서 먼저 보여준 매물은 고객이 나와 하겠다고 해도 거절을 하는 게 낫기 때문이에요. 나중에 괜히 중개소 간에 의가 상하는 일이 생길 수도 있으니 체크하고, 가능하면 안 본 매물 중 더 괜찮은 매물을 보여주세요.

유효 손님을 판별하는 데 가격만큼 중요한 점은 이사 날짜와 지역 설정이에요. 이 2가지는 꼭 물어보고 고객에게 브리핑을 시작해야 내 에너지를 아끼고, 또 유효하지 않은 고객한테 시간을 뺏겨 정작 중요한 고객을 놓치는 불상사를 막을 수 있습니다.

단, 누구에게든 친절해야 하고, 거절은 기분 상하지 않도록 신경 써서 해야 합니다. 모두 미래의 내 고객일 수 있으니까요!

내가 잘하는
중개의 기술

1. 이유는 알고 헤어지기

브리핑을 열심히 하고 매물을 다 보여주고 나서도 갑자기 잠적하거나 계약을 안 하는 고객분들도 굉장히 많아요. 그런데 안 할 때 안 하더라도 꼭 마지막 연락을 해서 이유를 듣고 끝내는 습관이 중요해요.

왜 안 하시는 것인지, 어떤 조건이 마음에 안 드시는 것인지 정중하게 물어보세요. 손님이 피하면야 어쩔 수 없지만, 계약을 안 하게 되었더라도 꼭 전화를 하거나 문자를 보내서 이유를 '정중히' 물어보세요. 내가 해결할 수 있는 이유라면 다른 매물을 다시 찾아드린지, 조건을 다시 조율해본다든지 할 수도 있어요. 해결할 수 없는 이유라면 깔끔하게 미련을 버리고 다른 계약에 신경 쓰면 됩니다.

저 같은 경우는 제 고객이 다른 데서 계약했다고 하면 어느 중개사무소에서 했는지, 얼마에 거래하셨는지 꼭 물어보는 편이에요. 물론 손님이 불편해하지 않도록 눈치껏 조심스럽게 여쭤보기도 했지만, 이런 것을 물어본다고 말 안 해주신 분들은 별로 없었어요.

이렇게 끝을 맺으면 실제로 거래된 최신 가격을 파악하게 되고(내 DB에도 반영), 다음 손님이 왔을 때도 저 매물 얼마에 나갔다고 브리핑하기도 좋아요. 이도 저도 아니면 그 계약한 부동산 중개사가 어떻게 마케팅했을까 검색이라도 한번 해볼 수 있어요. 이 모든 것이 다 내 실력 향상과 직결된다고 생각하면 좋아요. 내가 한 계약도 공부가 되고, 남이 한 계약도 공부가 됩니다.

2. 수수료 중 일부는 돌려준다는 마인드 갖기

이것은 저만의 특급 노하우인데요. 처음부터 '수수료 중 일부는 돌려준다는 마음으로 중개'해요. 대신 중개보수를 깎이는 것이 아니고 애초에 선물을 준다는 개념이에요.

Case 1. 예전에 빌라 전세 계약할 때는 임대인이 냉장고 옵션을 새로 넣어주는 조건으로 계약을 했는데, 냉장고가 집에 비해 너무 작은 것 같아 제가 사비 10만 원을 보태서 더 크고 잘 맞는 냉장고를 넣어드린 적이 있어요. 세입자에게도, 집주인에게도 좋을 것 같아서 좋은 마음으로 보탠 것인데 양측 다 정말 고마워했고, 임대인이 나중에 제가 낸 금액을 다시 주시더라고요.

Case 2. 고객이 조건 다른 두 집을 놓고 고민하는 모습을 보이시길래 (한 집은 가스레인지가 오래되어서 바꿔야 했고, 한 집은 블라인드가 없어서 사야 했음) 어느 집을 하든 내가 필요한 것 하나는 해주겠다고 이야기했어요. 그래서 그분은 다른 데 안 가시고 그날 바로 저와 계약하고 가셨어요. 그리고 실제로 블라인드를 해드렸습니다(선물은 중개보수의 10% 이하 금액이었어요).

Case 3. 고객께서 "변기 테두리가 흔들리던데 집주인이 고쳐주실까요?"라고 물어보길래 "집주인이 안 해주시면 제가 해드릴게요" 해서 그날 바로 계약했어요. 변기 테두리 하자 보수는 임대인이 해주셨어요.

이렇게 애초에 내가 받을 중개보수의 일부는 돌려준다는 마음을 갖고 일하니까 이와 같은 상황이 왔을 때 내 입에서 거침없이 고객을 위한 말이 나갔어요. 적은 돈으로 내가 해결해줄 수 있는 일들은 일단 말해보고, 안 되면 나라도 해줘야지 생각했는데, 고객들이 그 마음을 알아주셨던 것 같아요. 마음속으로 생각하는 페이백 금액의 상한선은 있어요. 제가 받을 중개보수의 10% 정도로 말이죠. 대신 중개보수는 제가 열심히 일한 대가라고 생각해서 법정 상한 다 받는 편입니다(손님도 깎아달라는 말씀 잘 안하시고요).

건물 내 사무실 임대 매물 같은 경우에는 건물 관리소장님을 잘 챙겨드리면 정말 좋아요. 계약 후 상품권이나 선물이라도 챙겨드리면 나중에 공실이 나오거나 나올 것 같으면 먼저 연락을 주세요. 중개업을 오래하신 분들 중에는 이렇게 하시는 분들이 많아요. 특히 상가 사무실 중개 시 관리소장님 내 편 만들기는 필수랍니다. 소장님과의 관계를 우호적으로 만들어놓으면 손님에게 매물을 보여줄 때도 그 건물에 대해 전문가인 관리소장님이 동행해서 브리핑도 다 해주세요. 제가 직접 브리핑하는 것보다 훨씬 잘해주세요.

3. 결정권자뿐만 아니라 실무자를 편하게 해주기

사무실이나 사옥을 구하는 분들은 처음부터 대표가 움직이는 경우보다 임직원들이 먼저 손품, 발품 팔아 서치하고 임장을 다녀서 보고하면, 그중에서 최종 선택된 매물들을 대표가 와서 보고 결정하는 경우가 많아요.

그래서 저는 그 직원이 대표한테 보고하기 편하게 매물 리스트를 제가 대신 작성해서 주곤 했어요. 주소, 층, 면적, 가격, 특징들을 보기 쉽게 정리해서 밑에 부동산 이름을 넣어 직원에게 주면 직원은 이런 점이 편해서라도 다른 곳에 잘 안 갑니다. 그 직원 입장에서 부동산 매물을 찾는 것은 기존 업무가 아닌 갑자기 단발성으로 생긴 귀찮은 업무거든요. 법인 상대로 중개할 때는 결정은 대표가 하겠지만, 직접 나오는 직원이 편하게 일 처리를 해주면 계약 성사율이 높아질 수 있어요.

물론 처음부터 대표가 오는 경우도 있는데, 그럴 때 역시 내가 이 회사 직원이자 비서라 생각하고 브리핑한 매물들을 문서로 정리해드리면 다른 곳으로 이탈을 잘 안 합니다. 하고자 하면 끝도 없이 일을 만들어서 할 수 있고, 아무 생각이 없으면 아무것도 할 게 없는 직업이 부동산 중개업인 것 같아요.

4. 가계약금 받기

자고 일어나면 변하는 게 사람 마음이에요. 단돈 5만 원을 걸더라도 돈이 걸려 있으면 다시 한번 생각하게 됩니다. 돈을 많이 걸면 걸수록 그 액수에 비례해서 계약이 깨질 확률이 낮아요. 그래서 우리는 단순 변심을 막기 위해 가계약금이라는 기술을 씁니다.

가계약금은 계약서를 쓰기 전에 한쪽의 변심으로 인해 계약이 무산될까 봐 미리 걸어두는 금액이에요. 요즘은 가계약금이라는 단어만 쓰면 오해의 소지가 있어 계약금 일부라고 추가적인 표현을 더합니다. 가계약금은 본계약이 체결되기 전까지 해지 위약금의 성격을 갖게 되고 계약금과 마찬가지로 매수자 → 매도자, 임차인 → 임대인에게 직접 송금합니다. 중개사가 대신 받지 마세요! 계약금은 거래금액의 10%가 일반적인데, 가계약금은 계약금의 10% 정도가 적당하다고 봅니다. 전체 거래금액의 비율로 보면 가계약금은 거래금액의 1%가 되겠죠. 법정 요율은 아니고 관례상 비율입니다.

가계약금이 제 역할을 제대로 하려면 일방적인 계약 취소 시 '임대인(매도인) 측은 가계약금의 배액을 상환하고, 임차인(매수인)은 가계약금을 포기해야 한다'라는 점을 단호하고 분명하게 인지시켜야 해요. 그렇지 않으면 괜히 "가계약금 돌려줘라", "못 돌려준다" 하면서 중개사만 득될 것도 없이 가운데서 피곤합니다. 따라서 가계약금을 송금하기 전에 중요한 부분(부동산 소재지, 계약금, 중도금, 잔금에 대한 사항, 계약 체결일자, 중요 특약사항 등)에 대해서는 조율이 끝나도록 하고, 양쪽 계약 당사자에게 그 내용을 문자로 써서 전송 후 동의를 받아요.

만약 조율이 덜 된 부분이 있으면 시간적인 여유는 주되 기한을 정합니다. 예를 들어, 저는 잔금 가능한 날짜를 당장 확실히 모르겠다고 고민하던 고객에게 이번 주 내에 알려주는 조건을 특약으로 하고 가계약금을 걸게 했어요(기한 내로 알려주지 못하더라도 가계약금을 돌려주는 조건이라 손님 측에 무리가 될 일은 아닙니다. 그냥 약간의 부담감을 주는 심리적인 효과예요). 또, 대출이 될지 안 될지 몰라서 확인해봐야 한다는 분한테도 만약 대출이 안 나오면 가계약금은 조건 없이 반환한다는 특약을 가계약 문자에 넣어주고 가계약금을 걸게 했어요.

단, 이런 경우 매도인·임대인에게 상황을 설명하고 사전 동의를 받아야 하며, 그 기한을 짧게 잡아야 합니다. 가계약금만 걸어놓은 상태로 계약서를 안 쓰고 질질 끌다가 무산되면 매도인 또는 임대인 측 손해가 큽니다. 다른 중개사무소에서 계약하겠다고 연락 오는 것을 다 거절했는데 무산되어버리면 가계약금을 조금 받았다고 위로가 되지 않아요. 가계약금 액수가 작다면 더 그렇고요. 가계약금을 걸었다면 그 주 내로 혹은 차주 안에는 꼭 계약서를 쓰는 것으로 생각하는 게 좋아요.

계약을 정말 할 사람이라면 가계약금을 안 걸 이유가 특별히 없어요. 불안한 내용은 확인할 수 있는 시간을 주고, 정 안되면 조건 없이 가계약금 반환 특약까지 써주겠다는데 안 할 이유가 없지요. 여기서 한 발빼는 경우라면 다른 매물을 좀 더 보고 싶거나 계약할 마음이 별로 없는 거예요. 부동산 매물은 한참을 안 나가다가도 어느 날 갑자기 쉽게 나갑니다. 그래서 가계약금을 걸어두지 않으면 당장 오늘 저녁에라도 매물이 나갈 수 있음을 충분히 인지시킵니다. 반드시 계약할 것이라는 고객의 말만으로는 절대 물건을 잡아둘 수 없다는 것을 알려줘야 합니다.＊

＊법인을 상대로 하는 경우, 빌딩 매매나 사옥임대 등과 같이 거래금액이 몇십억 원 단위로 큰 경우는 의향서가 오고가는 등의 검토 시간이 길고 진행 절차가 조금 다를 수 있습니다.

가계약 문자는 계약서에 버금가도록 내용을 최대한 정확하게 쓰는 게 좋아요.

[부동산 가계약서] 본계약에 준하는 계약서

1. 부동산의 표시 : 경기도 안양시 동안구 관양동 *** 103동 601호
1-1. 전세계약 : 보증금 3억 5,000만 원
  - 계약금 10% : 3,500만 원
  - 잔금 : 3억 1,500만 원
1-2. 계약기간 : 2년(잔금일 : 2023. 06. 30 이내로 본계약 시 협의)
2. 가계약금(계약금의 일부) : 400만 원
3. 본계약체결일 : 차주 내
4. 임대인 인적사항 : 김○○
  주민번호 : 530913-*******
5. 임차인 인적사항 : 안○○
  주민번호 : 870711-*******

---

6. 임대인 계좌번호 :

기업은행 010-0999-876325 (예금주 : 김○○)

7. 거래 약정 내용 :

★ 가계약금(계약금의 일부) 400만 원은 오늘(2023. 04. 12) 입금하고, 본계약 시 나머지 계약금인 3,100만 원을 입금하기로 한다.

1. 현 시설물을 임차인과 중개사가 함께 확인했으며 옵션 등 확인한 상태로 계약한다.

2. 옵션 : 붙박이장, 인덕션, 냉장고, 시스템에어컨 등이며 임차인의 과실로 파손 시 원상복구한다.

3. 애완동물 금지 / 실내 흡연 절대 금지

4. 잔금일의 주말을 제외한 익일까지 계약일 현재의 등기부상 추가 권리설정이 없어야 한다.

5. 계약일 기준 일반관리비 7만원 별도 있음 *가스, 전기 인터넷 등 기타 공과금 별도

6. 기타사항은 민법 임대차보호법 및 주택 임대차보호법에 따르기로 한다.

• 가. 다른 약정이 없는 한 임대인은 가계약금의 배액을 상환하고, 임차인은 가계약금을 포기하고 계약을 해제할 수 있고, 계약체결 후 임대인, 임차인 어느 한쪽이 계약 불이행하는 경우는 가계약금을 위약금 및 손해배상액의 예정으로 본다.

• 나. 가계약의 효력은 가계약 체결일로부터 본계약이 체결될 때까지 유효하다.

• 다. 본 가계약은 임대인·임차인에게 위 부과조건이 기록된 본 가계약 내용의 문자를 휴대폰으로 발신해 동의를 받고, 가계약금은 온라인 송금한다.

상기 내용으로 계약을 진행합니다.

2023년 4월 12일

집사임당 공인중개사 사무소
031-424-1234

　우리나라 민법에서 계약은 낙성, 불요식 성격을 갖고 있어요. 구체적인 거래 내용과 당사자의 의견 합치가 있으면 서면 계약서를 작성하지 않아도 그 계약은 성립돼요.

　앞의 내용이 담긴 가계약서를 계약 당사자들에게 보내고 동의를 받고 진행하게 되면, 변심으로 깨질 확률은 현저히 낮아집니다. 그리고 사전에 본계약만큼이나 꼼꼼하게 특약을 적어놓으면 계약이 진행이 안 되거나 처음에 말한 조건과 다르다며 문제가 될 일이 적어요. 계약일에는 그냥 문자상의 가계약서 특약을 복사해서 계약서에 넣으면 될 정도로 편해요.

　해당 예시는 임대차계약이라 내용이 이렇게 길고, 매매는 오히려 특약이 좀 더 간단해요. 가계약서 양식은 중개사마다 스타일이 정말 달라서 인터넷에 검색해보면 다양한 가계약서 양식이 있으니 참고하세요.

중개사가 알아야 할 관행적인 내용

1. 임대 기간 - 상가·주택 모두 기본 2년

우리가 민법을 공부할 때 상가 임대차보호법, 주택 임대차보호법에 대해 배웠는데요. 아래와 같이 그때 주택과 상가의 최단 존속 기간의 보장에 관한 내용을 배워요.

[주택 임대차보호법]

기간을 정하지 아니하거나 2년 미만으로 정한 임대차는 그 기간을 2년으로 본다. 다만, 임차인은 2년 미만으로 정한 기간이 유효함을 주장할 수 있다.

[상가 임대차보호법]

기간을 정하지 않거나 기간을 1년 미만으로 정한 임대차는 그 기간을 1년으로 본다. 다만, 임차인은 1년 미만으로 정한 기간이 유효함을 주장할 수 있다.

임대차보호법상 주택에서는 임대 기간을 기본 2년, 상가(사무실)는 기본 1년으로 봅니다. 그런데 실무에서는 그냥 주택·상가·사무실 모두 기본 2년이라고 생각하는 게 좋아요.

상가, 주택 모두 임차인이 원하면 1년 계약도 '법적으로는 가능'하지만, 실무에서는 임대인들이 1년짜리 계약을 싫어해요. 싫어하면 당연히 두 사람의 의견 합치가 안 되는 거니까 계약이 안 되겠죠. 특별한 사정(1년 뒤 무조건 가격을 올릴 계획 등)이 없는 한 대부분의 임대인은 2년의 계약을 원해요. 1년 후에 공실이 되거나 새로운 임차인을 맞춰야 하는 부담감도 있고, 또 중개보수를 내야 하기 때문에 안 좋아하는 경우가 많아요

임차인이 1년 계약을 원할 경우, 법적으로 가능하다는 것뿐이고 임대인이 "No" 하면 그 계약은 할 수 없어요. 그러니 매물을 접수받을 때 1년 계약도 괜찮은지 매번 확인하든지, 아니면 일단 임차인이 물어보면 2년 계약이라고 이야기하고 꼭 1년 계약을 해야 한다는 손님이라면 임대인에게 확인해야 합니다.

2. 단기 계약

원룸이든, 상가·사무실이든 간혹 단기 계약을 찾으시는 분들이 있어요. 법조문상으로는 "임차인은 2년(주택) 또는 1년(상가) 미만으로 정한 기간이 유효함을 주장할 수 있다"라고 나와 있기는 하지만, 마찬가지로 실제 가능한 매물은 많지 않아요.

'공실로 둘 바에 단기 계약이라도 준다' 하고 생각하고 상가의 경우 깔세(한 번에 일시불로 월세 지급)로 단기 임대를 주는 경우는 있어요. 또는 고시원처럼 1개월 치 보증금을 받아두고 단기 월세를 주는 원룸도 있기는 하지만, 일반적으로 나오는 매물들은 단기 임대가 불가하니 참고해주세요(법적으로 불가하다는 의미가 아니고 대부분의 임대인이 원치 않는다는 의미입니다).

단기 임대는 보통 보증금이 적은 월세 형태이기 때문에 임차인이 집만 넣어놓고 도망가는 경우가 있기도 해요. 짐이 한번 들어오면 명도(세입자를 내보내는 것)가 쉽지 않아요. 월세가 밀렸다고 마음대로 문 따고 들어가서 세입자의 짐을 빼는 것은 형사처벌 대상이라 집주인(건물주)도 함부로 하지 못한답니다.

| 주택 임대차보호법 |

제11조(일시 사용을 위한 임대차)
이 법은 일시 사용하기 위한 임대차임이 명백한 경우에는 적용하지 아니한다.

| 상가 임대차보호법 |

제16조(일시 사용을 위한 임대차)
이 법은 일시 사용을 위한 임대차임이 명백한 경우에는 적용하지 아니한다.

일시 사용을 위한 것이 명백한 임대차인 경우, 주임법, 상임법 적용이 되지 않아요. 그래서 계약서 쓸 때 특약에 "본 건은 일시 사용(2024. 1. 1~2024. 3. 31)이 명백한 단기계약으로 임차인은 2024년 3월 31일까지

퇴거해야 하며, 만일 이 점이 지켜지지 않아 발생되는 손해에 대해 임대인은 임차인에게 손해배상을 청구할 수 있다" 이런 식으로 특약을 써서 임대인을 보호하기도 합니다.

3. 대리인이 대신 계약하는 경우 - 위임장

"정석을 알고 융통성 있게 일하는 것은 일을 잘하는 것이지만, 초보는 애초에 융통성을 논할 단계가 아니다."

부동산 중개를 하다 보면 계약하는 날에 대리인이 대신 오는 경우가 참 많아요. 누군가가 작정하고 사기를 치는 일이야 많지 않겠지만, 부동산 중개를 '업'으로 하는 우리는 일반 사람들보다 사기꾼을 만날 확률이 훨씬 높으니 항상 경계해야 합니다.

그리고 사기의 위험 때문이 아니더라도 일이 틀어지기 시작하면 아차 싶었던 것들이 다 문제가 되어 발목을 잡습니다. 계약자 중 일방이 단순 변심으로 계약 파기를 하고 싶을 때 열이면 열 중개사고를 들먹입니다. 이때 진상 고객들은 어떻게든 꼬투리를 잡으려고 하기 때문에 애초에 꼬투리 잡힐 일들을 하면 안 된다는 의미예요.

대부분의 계약은 소유자 본인이 계약일에 직접 나오지만, 지방에 사는 투자자라든지, 몇 채의 건물을 가진 건물주들은 몇 달에 한 번씩 계속 임대 건이 나오기 때문에 소유자가 매번 중개사무소에 오지 않아요.

빌딩의 경우는 보통 위임받은 관리 소장님이 계신 편이고, 주택은 케이스가 워낙 다양한데 소유자의 배우자, 자녀, 부모, 친인척 등 대리인이 나오는 경우도 많아요. 중개사가 일방의 대리를 할 수 있어서 위임을 받아 대리로 계약서를 작성하기도 합니다.

(1) 계약에서 돈을 받는 쪽 - 매도인, 임대인

저는 계약 시에 매도인·임내인 측, 즉 돈을 받는 쪽에서 소유자 본인이 아닌 대리인이 나오면 꼭 위임장을 받아둡니다. 만약 부부나 부모와 자식 간의 관계라면 가족관계증명서와 신분증, 도장을 지참 후 전화상으로 소유자와 통화하고 녹음으로 갈음하기도 하고요.＊

위임장 서식은 한방 프로그램에서 찾을 수 있어요. 정해진 양식이 있는 것이 아니기에 중요 내용이 들어가도록 사용자가 직접 만들어도 됩니다.

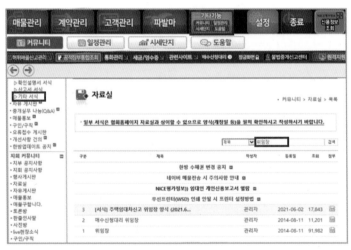

(출처 : 한방)

＊보증금 액수가 크거나 매매인 경우는 무조건 대리인에게 직접 적법한 위임장을 받음.

한방 프로그램의 [기타기능 → 기타서식 → 검색] 칸에 '위임장'이라고 검색하면 양식이 나와요(위임장뿐만 아니라 대부분의 양식이 자료실에 있으니까 필요한 것을 받아서 수정해서 쓰시면 됩니다).

개업 공인중개사가 일방 대리를 할 수 있어 전화 통화만 하고 제가 대리로 계약하는 경우(보증금이 아주 소액인 경우 또는 임대인을 오래 알고 지낸 경우 등)도 있기는 했지만, 원칙은 위임장을 받아야 한다는 것을 꼭 기억해주세요.

(2) 계약에서 돈을 주는 쪽 - 매수인, 임차인

계약일에 매수인·임차인 측 대리인이 나오는 경우도 원칙은 위임장을 가져오는 게 맞지만, 그래도 융통성을 두어도 되는 쪽이 돈을 주는 쪽 대리인이에요. 어차피 돈을 내는 쪽이다 보니 돈 받고 잠적을 한다든지 하는 문제가 될 만한 일은 크게 없는 편이에요.

Q 위임장 원본은 누가 보관하나요?

A 위임장 원본은 위임받은 사실(대리권)을 증명해야 하는 대리인이 가져가는 것이 관행으로 알려져 있지만, 사실 가장 건강한 계약은 위임장과 인감증명서 원본을 2부씩 생성해서 임차인(또는 매수인)과 대리인이 각 나눠 갖는 것이에요. 하지만 현실적으로 이렇게까지 준비해오는 경우는 거의 없고 위임장과 인감증명서가 1부씩 밖에 없다면 원본은 임차인이 보관하고 대리인은 원본대조필 도장을 찍은 사본을 보관하는 것이 타당하다고 합니다.

＊원본대조필에는 대리인의 도장(또는 서명)을 찍습니다.

```
┌─────────────────┐
│ 원본대조필 │    │
└─────────────────┘
```

4. 계약금은 10%가 기본!

계약금은 사실 양측 당사자들이 협의하기 나름인데 10%가 가장 많이 하는 비율입니다. 1%든, 30%든 안 되는 것은 아닌데, 10%의 계약금을 일반적으로 가장 많이 하고, 때에 따라 5% 계약금으로 진행하는 경우도 있어요(최소 5%는 받아야 해요. 계약금이 너무 적으면 계약이 깨질 확률이 커집니다).

특히 은행에서 대출을 받는 경우 5% 이상의 계약금 영수증을 요구하니 최소 5%, 기본은 10%라고 생각하시면 됩니다.

5. 계약서와 확인설명서는 인원수대로 준비

계약서는 중개의뢰인인 계약 당사자와 중개에 참여한 개업 공인중개사의 수만큼 준비합니다. 나에게 접수된 물건으로 내 손님이 직접 계약하는 경우라면, 계약서 3부(3장)를 준비하면 됩니다. 만약 공동중개라면 중개사무소가 추가되어 4부의 계약서를 준비하면 됩니다. 일반적으로 계약서는 3부와 4부를 준비하게 됩니다. 확인설명서도 마찬가지입니다. 계약자와 중개사의 서명 및 도장이 들어가기 때문에 계약서 수량과 동일하게 준비해서 배부합니다.

거래 규모가 큰 중개의 경우, 중개에 참여하는 공인중개사가 많아질 수 있습니다. 계약자가 여러 명일 수도 있고요. 이렇게 계약자나 참여하는 개업 공인중개사가 여러 명일 경우, 계약서 작성 단계 시 별지로 추가하면 됩니다.

(출처 : 한방)

계약서
작성하기

일반 계약서는 특정한 법적 양식이 정해져 있지 않아요(표준계약서는 법정서식 있음). 자유 양식을 쓰기도 하고 기업이나 빌딩의 경우 자체적으로 만든 계약서를 사용하기도 합니다. 또 각 지역마다 알터, 텐, 날개, 렛츠 등의 공동중개망 프로그램이 별도로 있어 그 프로그램에서 계약서 작성을 하기도 합니다.

이 책에서는 저를 포함한 많은 공인중개사들이 가장 많이 사용하는 프로그램에 대해 간단하게 소개해보겠습니다.

1. 한방 프로그램 사용

저는 한국공인중개사협회에서 제공하는 프로그램인 한방에서 계약서를 씁니다. 다른 프로그램도 있기는 하나, 저는 한방 프로그램이 가장 편한 것 같습니다. 일반계약서는 꼭 써야 하는 양식은 없고 중요한 내용만 들어가면 됩니다. 인터넷에 떠도는 폼을 써도 되고, 계약서 양식을 직접 만들어서 쓰기도 합니다. 다만 실무에서 많은 중개사가 한방 계약서를 쓰니 한방으로 설명하겠습니다(저는 지역망을 따로 쓰지 않고 그냥 한방만 쓴답니다).

한방 프로그램 화면

(출처 : 한방)

2. 일반 계약서 작성하기

(1) 계약 관리 → 계약서 작성

(출처 : 한방)

한방 프로그램의 계약 관리에 가서 '계약서 작성' 버튼을 누르면, 계약서 입력창이 뜹니다. 어렵지 않기에, 하다 보면 다 하겠지만 처음 하시는 분을 위해 설명합니다.

(2) 계약서 작성

① 부동산의 표시

해당 소재지의 등기사항증명서와 건축물대장을 참고해서 적습니다.

② 계약 내용

계약 당사자들과 협의한 내용을 바탕으로 금액 및 날짜를 적습니다.

③ 특약

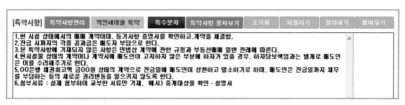

(출처 : 한방)

중개대상물과 거래 형태에 따라 기본 특약이 나옵니다. 특약은 참고 하되, 꼭 그대로 사용하지는 않아도 됩니다. 양측이 협의한 내용을 바탕 으로 중요한 특약들을 기입합니다.

④ 인적사항

	※ 내용 변경 후 [저장] 하여 주십시오.						
매도인 고객검색	주 소(도로명)	도로명주소를 모르는 경우 우측에 도로명 검색을 클릭하세요!					도로명 검색
	주민등록번호 ▼	-		전화		성명	
없음 ▼	주 소(도로명)	도로명주소를 모르는 경우 우측에 도로명 검색을 클릭하세요!					도로명 검색
	주민등록번호 ▼	-		전화		성명	

	※ 내용 변경 후 [저장] 하여 주십시오.						
매수인 고객검색	주 소(도로명)	도로명주소를 모르는 경우 우측에 도로명 검색을 클릭하세요!					도로명 검색
	주민등록번호 ▼	-		전화		성명	
없음 ▼	주 소(도로명)	도로명주소를 모르는 경우 우측에 도로명 검색을 클릭하세요!					도로명 검색
	주민등록번호 ▼	-		전화		성명	

개업 공인중개사	사무소 소재지	경기도 안양시 동안구 벌말로 118 (관양동)				
	사무소 명칭	지산타워공인중개사사무소		대표자 명	김애란	
	전화 번호	031-424-1007	등록 번호	41173202300011	소속공인중개사	(자필 서명)

개업(공동) 공인중개사	사무소 소재지					
	사무소 명칭			대표자 명		
	전화 번호		등록 번호		소속공인중개사	(자필 서명)

(출처 : 한방)

고객의 인적사항과 중개에 참여한 개업 공인중개사의 사무소 정보를 적습니다. 고객의 인적사항은 개인으로 계약하면 주민등록등본상 거주지를 적고, 사업자로 계약하면 사업자등록증상 소재지를 적습니다.

계약서를 다 기입한 뒤, '계약서 저장'을 누르고 '확인설명서' 작성을 합니다.

계약서 및 중개대상물 확인·설명서 작성법에 대한 내용은 김동희 님 저서 《계약서 작성의 비밀》과 권대갑 님 저서 《계약서 작성 비밀과외》 라는 책을 참고하시면 많은 도움이 되실 것 같아요. 두고두고 꺼내 보시면 좋을 만한 사전 같은 책들입니다.

저도 왕초보를 위한 계약서 및 중개대상물 확인·설명서 작성법, 준비서류 등에 대한 내용을 정말 쉽게, 그대로 따라만 하면 되도록 원고를 써놨는데 분량의 문제로 이번 책에서는 빠지게 되었어요. 원고만 150페이지 정도를 썼는데 함께 싣지 못해서 참 아쉽습니다. 다음에 두 번째 책을 출간하게 된다면 전자계약서 쓰는 방법과 함께 이 내용들을 자세하게 다루어볼 생각입니다.

집사임당 책 추천

나를 초고속으로 성장한 공인중개사로 만들어준 책 리스트

공인중개사가 직접 쓴 실무 노하우 책

《무작정 부동산 사무실을 차렸습니다》 김미경 저 | 슬로디미디어

치열한 중개 시장에서 겪은 초보 시절 이야기부터 중개업의 민낯 및 멘탈 관리에
대한 내용

《핵심 공인중개사 실무 교육》 조영준 저 | 매일경제신문사

수많은 실력 있는 공인중개사를 배출한 네오비아카데미 대표교수가 알려주는 실
무 노하우

《생각하는 공인중개사가 생존한다!》 김의섭 저 | 매일경제신문사

초보부터 고수까지 공인중개사라면 꼭 읽어야 할 책. 버릴 내용이 하나도 없음.

《연봉 10억 공인중개사의 영업 비밀》 노창희 저 | 국일증권경제연구소

상업용 부동산 전문 중개사라면 필독해야 할 책. 전속으로 매물을 받는 노하우 가득

《매출 100억 공인중개사는 이렇게 영업합니다》 김윤수(빌사남) 저 | 경이로움

스타 중개사이자 상위 1% 공인중개사 빌사남의 영업 비법 및 마케팅 방향성 제시

《**계약서 작성 비밀과외**》 권대갑 저 | 도서출판 북트리

계약 종류별, 사례별로 계약서와 중개대상물 확인 설명서 작성 방법이 다 나와 있
어서 중개사라면 무조건 소장해야 하는 책

《**계약서 작성의 비밀**》 김동희 저 | 채움과 사람들

사전처럼 꺼내놓고 보기 좋은 계약서 사례집. 중개사마다 계약서 스타일이 조금씩
다 달라서 계약서 작성에 대한 책은 다양하게 소장할수록 좋다고 생각함.

《**최원철의 상가중개실무 바이블**》 최원철 저 | 상가몽땅

상가 중개 시장에서 이분 모르면 간첩. 강의로도 굉장히 유명하지만, 상가 중개 A
부터 Z까지 정말 디테일하게 다 들어 있는 책

《**경매 권리분석 이렇게 쉬웠어?**》 박희철(파이팅팔콘) 저 | 지혜로

중개사가 가장 겁내 하는 권리분석. 초보자도 따라 할 수 있도록 쉽게 권리분석하
는 방법을 알려주는 베스트셀러

《**부동산 상식사전**》 백영록 저 | 길벗

부동산 정책, 전월세, 토지, 경매까지 초보 중개사가 궁금해할 만한 내용 다 있음.
중개업 왕초보 시절에 이 책으로 블로그 정보성 글을 올리기 시작했음.

《**부동산 거래사고 예방 민사실무**》 장건 저 | 리북스

심도 있는 의문이 들 때마다 찾아 읽어보면 좋을 책. 가계약에 관한 내용, 상가 권

리금계약에 관한 법률적 주의사항 등 공인중개사협회 자문위원으로 계신 법학박사가 집필하신 책

부자 마인드셋 필독 베스트셀러 3종

모르는 사람 찾는 게 더 힘든 부자 되는 책 3종 세트. 세계적인 베스트셀러이자 스테디셀러

《부의 추월차선》 엠제이 드마코 저 | 신소영 역 | 토트출판사
《부자아빠 가난한아빠》 로버트 기요사키 저 | 안진환 역 | 민음인
《돈의 속성》 김승호 저 | 스노우폭스북스

부동산을 업으로 한다면 꼭 읽어야 하는 경제서/자기계발서

《돈의 심리학》 모건 하우절 저 | 이지연 역 | 인플루엔셜
부동산을 업으로 하는 사람이라면 무조건 읽고 시작해야 하는 책. '역사가 반복되는 것이 아니라 사람이 반복하는 것이다'라는 명언을 남김. 투자자들의 심리 파악에도 Good

《부자의 그릇》 이즈미 마사토 저 | 김윤수 역 | 다산북스
왕초보도 읽기 쉬운 책. 그러나 다 읽고 나면 머리에 띵- 하고 울림이 있는, 돈을 대하는 태도와 신용의 중요성에 대해 말해주는 책

《레버리지》롭 무어 저 | 김유미 역 | 다산북스

자본주의를 논할 때 절대 빠질 수 없는것이 레버리지인데, 부자들은 어떻게 효율적으로 성과를 내는지에 대해 알려주는 책. 투자자를 상대하기 위해서라도 꼭 읽어야 하는 책

《부의 인문학》브라운스톤(우석) 저 | 오픈마인드

나무보다 숲을 보게 해주는 책. 징지나 정책 안에서 경제와 경기가 어떻게 움직이는지 인간의 본성과 경험과 결합해 설명해주는 책

《부의 본능》브라운스톤(우석) 저 | 토트

돈과 자유, 그리고 풍요로운 삶을 추구하는 인간 내면에 타고난 욕망과 행동 패턴을 알려주는 책. 내면적인 변화와 외부적인 전략을 결합하는 방법을 알려주는 책

내 행동의 변화를 일으켜주는 책 (강력 추천)

《아주 작은 습관의 힘》제임스 클리어 저 | 이한이 역 | 비즈니스북스

수많은 성공한 사람들이 강력 추천하는 책. 습관의 형성과 개선에 대한 정말 현실적이고 실용적인 방법을 알려줘서 실제로 행동을 변화시킬 수 있도록 도와주는 최고의 책

《그릿》앤절라 더크워스 저 | 김미정 역 | 비즈니스북스

나의 인생 책이자 수많은 셀럽, 부자 리더, 언론이 극찬한 책. 재능이 있어도 그릿이 없으면 절대 성공할 수 없다는 것을 알게 해준 책

《원씽(The ONE Thing)》 게리 켈러, 제이 파파산 저 | 구세희 역 | 비즈니스북스
시간이 없어 못한다는 말을 달고 사는 사람들은 꼭 읽어야 할 책. 큰 깨달음을 주는
책이자 전 세계 종합 베스트셀러 1위를 달성한 책

《킵고잉》 주언규 저 | 21세기북스
개인적으로 마인드세팅 하는 데 가장 현실적으로 도움이 되었고, 여전히 의지가 되
고 있는 책. Keep Going이라는 단어는 아직도 내 좌우명임.

《역행자》 자청 저 | 웅진지식하우스
출간된 후 국내에 책 읽기와 글쓰기 붐을 일으킨 센세이션한 책. 여기 소개된 책 중
자청 추천 책이 많은 것만 봐도 알 수 있음.

《인스타브레인》 안데르스 한센 저 | 김아영 역 | 동양북스
우리가 왜 SNS에 중독되는지 뇌 과학에 대해 쉽게 설명해준 책. 이 책 덕분에
SNS를 소비가 아닌 생산을 위한 방향으로 바꾸게 됨.

《나는 4시간만 일한다》 팀 페리스 저 | 윤동준 역 | 다른상상
효율적인 시간 관리를 통해 더 적은 시간으로 성과를 얻을 수 있는 방법을 제시
한 책

영업 마인드를 키우기 위한 책

《나는 장사의 신이다》 은현장 저 | 떠오름(RISE)

'열심히'의 내 기준을 파격적으로 높여준 책. 음식 장사에 대한 책이지만 모든 사업은 일맥상통하기 때문에 굉장한 인사이트가 있음. 읽기 쉬운 것도 큰 장점

《더 보스》 안규호(안대장) 저 | 떠오름(RISE)

1년 만에 신용 불량자에서 억대 연봉을 달성한, 치열하고 간절하게 지켜온 '영업' 노하우를 담은 책. 직설적인 화법으로 정신 차리게 만들어주는 책

《떴다! 분양의 여왕》 한유정 저 | 라온북

아무것도 모른 채로 시작해 분양 현장에서 몸으로 부딪치며 배운 영업의 성공 노하우를 풀어낸 책

《영업의 신》 이명로(상승미소) 저 | 문학동네

10명을 만나면 7명 이상을 '나의 고객'으로 만드는 영업 노하우가 담긴 책. 가독성이 좋아 마인드가 무너질 때마다 꺼내서 다시 읽고 싶은 책

온라인 마케팅(+글쓰기)을 위한 필독서

《브랜드 설계자》 러셀 브런슨 저 | 홍경탁 역 | 윌북

마케팅에 관한 책 딱 한 권만 읽어야 한다면 이 책을 읽으시길. 일회성 구매를 넘어 고객을 나의 '찐팬'으로 만드는 비법서

《내가 가진 것을 세상이 원하게 하라》 최인아 저 | 해냄출판사
내 업의 본질을 파악하는 것부터 자기 브랜딩의 핵심까지 내 스스로의 문제를 객관
적으로 보고 성찰할 수 있도록 안내하는 책

《당신이 누구인지 책으로 증명하라!》 한근태 저 | 클라우드나인
내 책이 나올 수 있도록 나에게 자신감을 불어넣어준 책. '전문가라 책을 쓰는 것이
아니라 책을 쓰면서 전문가가 되는 것이다'라는 문장을 읽고 끝까지 글쓰기를 놓지
않게 되었음.

《150년 하버드 글쓰기 비법》 송숙희 저 | 유노북스
국민 글쓰기 책. '주장 → 이유 → 사례(예시) → 강조' 순서의 오레오 법칙을 공식
화함. 누구나 이 공식으로 글을 쓰면 쉽게 쓰면서 가독성과 설득력 모두 갖출 수 있
다는 내용

《역설계》 론 프리드먼 저 | 이수경 역 | 어크로스
남들은 몰랐으면 좋겠는 책. 내가 수많은 SNS 마케팅을 동시에 할 수 있게 영감을(?)
준 책

《템플릿 글쓰기》 야마구치 다쿠로 저 | 한은미 역 | 토트
블로그 할 때 응용했던 글쓰기 방법. 글 쓰는 시간을 1/10로 줄여준 책

당신만 몰랐던
공인중개사 실무
A to Z

제1판 1쇄 2023년 12월 15일
제1판 2쇄 2024년 12월 19일

지은이 김애란
펴낸이 허연　　　　　　　**펴낸곳** 매경출판㈜
기획제작 ㈜두드림미디어
책임편집 최윤경, 배성분　　　**디자인** 김진나(nah1052@naver.com)
마케팅 한동우, 박소라, 구민지

매경출판㈜
등록 2003년 4월 24일(No. 2-3759)
주소 (04557) 서울시 중구 충무로 2(필동 1가) 매일경제 별관 2층 매경출판㈜
홈페이지 www.mkbook.co.kr
전화 02)333-3577
이메일 dodreamedia@naver.com(원고 투고 및 출판 관련 문의)
인쇄·제본 ㈜M-print 031)8071-0961

ISBN 979-11-6484-628-3 (03320)

같이 읽으면 좋은 책들

신**의 재테크
GPL 아파트 담보대출로
매일매일 돈 벌어주는
남자

현명한 부동산 투자의 시작
숨어 있는
토지 개발로
10억
만들기

개발에서 돈 되는 방은 따로 있다!

부자의 첫걸음
내 집 마련

이제는 무주택자, 오늘부터 상위 7%, 내집은 수원리지

부자 경매의 시작
알기 쉬운
특수 경매

돈 좀 없고 마음 편한 생면
누구나 경매 투자할 수 있다!

신방수 세무사의
확 바뀐
부동산
매매사업자
세무 가이드북
실전 편

집을 싸게 사려면 내재가치를 마스터하라
내 집을 싸게 사는
최고의 방법

내 집의 가치는 얼마나 얼까?
작은 투자금으로 부동산 수익률을 최대화하라

서울시 공정경제과 팔박자가 알려주는
NEW
상가임대차
분쟁 솔루션

100가지 상가임대차 분쟁을 확실하는 맞춤 솔루션!
상임법과거래 상담사례 속 상황별 판례 핵심 총정리

멈출 수 없는
UNSTOPPABLE
공간 개발의 미래과제와
부동산 투자의 새로운 시각

신방수 세무사의
주택임대사업자
등록말소주택
절세 가이드북

부동산 성공 투자의 시작
알기 쉬운
경매 실무

발을 펼면
성공이
보인다

RESTART
부동산 투자
아무도 말해주지 않는 불변의 성공비결

꼬마빌딩 라이드
극한직업
건물주

꼬마빌딩 건축

신방수 세무사의
확 바뀐
상가
빌딩
절세 가이드북

우대빵과 함께하는
성공 부동산
중개사무소
창업

지식산업센터
투자의
정석

닥치고 현장!
소액자본으로
부동산
부자되기

신방수 세무사의
부동산 증여에
관한 모든 것

부자 경매의 시작
알기 쉬운
기초 경매

라�엘과 함께 공부하는
셀프 경매
바이블

실전 사례로 풀어보는
상가 셀프
경매의 정석

상가 경매로 노후 대책 마련하기

특허보면소·수목요양원·소호법인·공유오피스·근시형 등
상가 경매를 통해 안정적
파이프라인을 만드는 비법 공개

닥치고 현장!
부동산에
미치다

부동산 투자의 답은 현장에 있다!

쉽게 따라 하고
빠르게 수익 내는 NEW 패러다임

빌라
투자
방정식

투자의 5가지 조건과 중·대·공식 3가지 통해
빌라 투자 방정식을 체계적으로 전달한다!

DEVELOPER
부동산 투자의 제4물결
디벨로퍼
경매

부동산 슈퍼리치만 아는
투자 비밀

SUPER RICH

월세
보증금으로
부동산 산다
반값 생활 경매 솔루션

부동산 시장이 급변해도
불변하는 부동산 경매의 정밀!

신방수 세무사의
1인
부동산
법인
하려면 제대로
운영하라!

대박나는 부동산 중개
핵심
공인중개사
실무 교육

실전시례로 알려주는
부동산
경매·공매
특수물건
투자 비법

거지였던 나는
상가 투자로
32억
건물주
가 되었다

부자 굴어 설계자가 되어줄
공매 투자,
지금이 기회다

직장인도 따라 할 수 있는
별장펜션 창업

부동산 투자, 제대로 하려면 공부되고 하라
한권으로 끝내는
토지투자 성공공식

임장의 여왕이
알려주는
부동산 투자 전략

'발칙한 발상'이
부동산 성공 투자를
부른다
토지, 상가의 성공 투자법

미니
재개발·재건축의
모든 것

당신의 경매 탈출구가 되어줄
이기는
부동산 경매의
비밀

종부세
핵폭탄 대비하는
완벽 솔루션

신방수 세무사의
이제 부동산 세금을 알아야
주택 보유&
처분
할 수 있는
시대다

투자 전, 꼭 알아야 하는
상가임대차법

부동산 투자
인사이트

고수가 알려주는 입지와 흐름 숨기는 원리

그는 어떻게
부동산
1인 창업으로
10억을
벌었을까?

부동산 투자의 숨겨진 진실!

돈 버는
주택임대
관리기법

주택임대관리업은
복합적인 관리업무와 경영활동이다!

10%대 수익률을 위한
최고의 부동산 재테크
P2P
투자의
정석

투자자의 대출자가 없어야 P2P의 모든 것
저금리 시대, 높은 수익률을 보장하는 최고의 재테크!

동산으로 이룬
유의

아파트 경매,
지역분석이 먼저다

매력 사례를
중심으로 살펴보는
대박 친
빌딩 투자의
비밀

부자가 되기 위한 부동산 요리법
정준환의
부동산
레시피

요리를 하는 것처럼
부동산에 익숙해져라

초보를 위한 취업과 창업 완벽 가이드
잘나가는
공인중개사의
비밀노트

한 권으로 정리한 단기 속성 실무전략

新
명품 토지
중개 실무

다양한 사례와 함께 살펴보는 실무 노하우

실패 없는 부동산 관리다짐
돈 길 따라가는
부동산 투자

부동산
세무
Real estate
Tax
Guide Book
가이드북
실전편

2019

개념부터 쉽게 배우는 부동산 필수 상식
돈 되는 부동산은
따로 있다

지식산업센터 투자 실전 편
부동산 투자,
아파트형
공장이
틈새다

2일 만에 월세 200만 원 받는
월세 부자
레시피

이때 당신도 부자가 될 수 있다!

직장인들도
쉽게 따라할 수 있는
新
부동산 공매
가이드북

실전편

양도·증여·상속의 모든 것
기막힌
부동산
절세의
비밀

생활 속의 세금 상식을 담은
절세 필독서

부동산
매매임대사업자
세무
Real estate
Business
Tax
Guide Book
가이드북
실전편

나는
부동산 투자로
파산자에서
100억 부자가
되었다

지분경매,
공유지분,
독점경매

입찰에서 취득까지, 배당에서 명도까지
부동산 경매의 모든 것
**이것이 진짜
성공 경매다**

가치 투자로 승부하라!
실패를 최소화하는 성공 투자 비법

부동산 전문 이나윤서의 재테크 실전법
**결혼은 선택이지만
부동산
투자는
필수다**

부동산만의 행복과 보상해준다
정직 사면이 하나는다

수익형 부동산 건축과 재테크 투자 비법
**헌집 살래
새집 살래**

건축을 알면
딸파 부동산이 한눈에 보인다

**부자 되는
주택
임대사업**

이제 대세는 수익형 부동산이다
평생 돈 걱정 없이 사는 월세 부자 되기

**돈 버는
공인중개사는
따로 있다**

**전세가를 알면
부동산 투자
가 보인다**

시장 심리를 파악하면, 투자 흐름이 보인다!
부동산 거래 변화의 비밀 '입지, 판세, 법행'

서울시 공정경제과
주무관이 알려주는
**부동산
거래와
판례**

**스타들의
부동산
재테크**

스타들이 사생활보다 더 궁금한
그들만의 부동산 부자
스타가 좋아하는
부동산은 따로 있다?

**지분 경매로
토지 개발업자 되기**

부동산 재테크
**역세권이
답이다**

세무서 3인이 알려주는
**세무조사
대비의 모든 것**

**주택 연출가
무조건 따라하기**

커피 한 잔 값으로
초대형 오피스 주인 되기
**리츠
얼리어답터**

고수익을 안겨주는
블루오션 토지 경매
**신의 한 수
금맥
경매**

토지 경매로 금맥을 캐다!

주택·아파트 제비·증가·증여 관련 꼭 알아야 할
**주택
아파트
세무 가이드북**

실전편

권리분석
완전정복으로
**10년 안에
10억 벌기**

고수가 알려주는
**대한민국을
움직이는
땅 투자 법칙 100**

흔한 직장인의 흔하지 않은 투잡 경매 성공기
新 돈의 보감
평범한 셀러리맨, 투잡 경매로
5년에 10억 벌다

경매로 재테크하고
NPL로 두 번째 월급 받다

**나는 갭 투자로
300채 집주인이
되었다**

아파트 300채 투자
박정수가 공개하는
화제의 투자법 대공개!

**토지
세무
가이드북**

실전편

부동산 경·공매, 분양, 입찰, 매매를 통한
新 상가 투자 보물찾기

상가투자자와 공인중개사도 꼭 봐야하는
상가 세무 가이드북 실전편
"상가권리에 없이 세금관계은 선택이 아니라 필수다!"

응답하라! 위기의 부동산

나는 토지 경매로 금맥을 캔다

NPL과 경매, 토지보상이 하나로
토지보상경매 실전활용

개인·개인사업자 법인CEO가 꼭 알아야 하는
세무조사 실무 가이드북
The investigation Practical affairs Guide Book
실전편

야생화의 기초 경매

국토도시계획을 알아야 부동산 투자가 보인다

GLOBAL REAL ESTATE
INVESTMENT & DEVELOPMENT BIBLE
해외 부동산 투자&개발 바이블
해외 부동산을 담으면 국내 부동산이 보인다

안타로 풀어 쓴 경매 관련 판례 해설서!
부동산 경매 대법원 판례집
1963~2014년 핵심 판례 모음

부동산 경매 전문 변호사가 큰 맘 먹고 알려주는
유치권 깨트리는 法 지키는 法

《100세의 축복》 저자 야생화의 세 번째 이야기
울보멘토 야생화의 경매이야기

경매, 공매, NPL을 한권에 해결하는
Perfect 퍼펙트 경매
'단 한권으로 총 정리' 끝~

부실채권의 기본부터 수익률 분석까지
NPL 투자분석과 계약실무 실전편
Non Performing Loan
실무 사례를 통한 실전투자분석서!

NPL 랭킹업 투자비법
'NPL매각 실무' 전격 공개!

전업투자자와 공인중개사를 위한
손품 팔아 부동산 보물찾기
블로그 마케팅 편
"누구나 쉽게 배우는 부동산 블로그 마케팅의 핵심 노하우를 이 책!"

지지 않는 권리분석 vs 이기는 명도

기관투자자만 아는
부동산 투자 운영 매뉴얼

경매 띵띵띵
학교종이 어서 모여라!

부동산 특기 완전정복